出口王仁三郎の黄金鏡

Deguchi Onisaburo

魂の岩戸を開く7つの鍵

櫻井喜美夫 著

太陽出版

出口王仁三郎の黄金鏡

魂の岩戸を開く7つの鍵

伊都能売《いづのめ》の身魂《みたま》

伊都能売《いづのめ》の身魂《みたま》に就《つい》て略述すれば、この身魂は、一に月の霊魂《れいこん》ともいい、五六七《みろく》の身魂と称せらる。五六七の身魂は、厳《いづ》の身魂に偏せず、瑞《みづ》の身魂にも偏せず、厳、瑞の身魂を相調和《あいちょうわ》したる完全無欠のものなり。

しかして伊都能売の身魂は、最も反省力の強き活動を備へて、太陽のごとく常に同じ円形を保つことなく、地球のごとく常に同形を保ちて同所に固着すること無く、日夜天地の間を公行して、明となり、暗となり或は上弦の月となり、また下弦の月となり、半円となり、満月となり、時々刻々に省みるの実証を示しいるなり。

かくのごとく吾人の身魂の活用し得るを、伊都能売の身魂という。伊都能売の身魂の活動は、時として瑞の身魂と同一視され、或《あるい》は変性女子《へんじょうにょし》の身魂と誤解さるる事あり。

伊都能売の身魂は、変性男子《へんじょうなんし》の身魂にもあらず、また変性女子の身魂にもあらず。完全無欠にして明暗、遠近、大小、賢愚、肖不肖、善悪等の自由自在の活動をなし得る至粋至純《しすいしじゅん》の神霊の活用なり。

かくのごとく自由自在の神人たることを得ば、初めて、五六七の活動をなし得べきなり。

（『霊界物語』第6巻第26章「体五霊五」）

まえがき

私はこれまでに2冊の本を出版し、その中で出口王仁三郎《でぐちおにさぶろう》聖師（大本の教祖）が暗示した苦難としての「大峠」と、その先に築かれるであろう理想社会としての「みろくの世」の姿を、私なりの視点で皆さんにお伝えしてきました。

おかげさまでこの2冊の本は、出口王仁三郎系の宗教関係者のみならず、今の世を憂いている多くの一般読者の方々からご賛同をいただきました。

これもひとえに、最晩年に名付けてくださった出口王仁三郎聖師の働きかけのお陰であり、さらには宇宙の創造神である「スの神」、すなわち愛と調和のエネルギーそのものの恩恵であると心より深く感謝しています。

王仁三郎聖師が、「人は神の子、神の生宮《いきみや》なり。しかしてまた神と成り得るものなり」と述べているように、来るべきみろくの世＝愛善世界を築いていくのは、内なる神に目覚めて「神人合一」を成し得る、伊都能売《いづのめ》の身魂を持った人たちです。

今はすでに自分自身の細胞の中に神が存在するということを体感できる時代が到来しています。

それは前著『出口王仁三郎の大復活』で述べたように、宇宙根源の龍体であるコスモドラゴンが降臨してきた昨年（2012年）から、龍体列島に住む日本人それぞれが宇宙の創造神であるCOU（センター・オブ・ユニバース）と繋がりやすくなってきていることからも明らかです。

また補筆で詳述しますが、トドメの神業が行われたことで、私たちが黄金人として自覚して生きてゆける磁場も整えられました。

新しい地球の幕開け＝岩戸開きはすぐそこまで近づいてきています。

神と共に生き、働き、楽しむ愛善世界の実現は人類の使命であり、この本を手にされたあなたも、COUと繋がることによって真《まこと》の神と一体になれます。

そのためには、まず自分自身が本当の幸せを得ること。自分の心が愛と調和で満たされ、幸福でなければ、自他共に幸せになれる愛善の世界を築くことはできないからです。言い換えれば、ゆるぎない幸運を手にした人が、みろくの世の担い手となれるのです。

まえがき

どうかこのことを肝に銘じ、とことん肚に落とし込んでいただきたいと思います。

そして一人ひとりが内なる神に目覚め、豊かになれれば、既存の宗教は用をなさなくなり、結果として王仁三郎聖師が予言した「みろくの世（＝愛善世界）」が訪れます。

ではどうすれば、神人合一が果たせるのか？

その具体的な方法を示すために、この度、３冊目となる本書を出版することとなりました。

ここに示す方法が、あなたの内なる神を目覚めさせる呼び水となり、岩戸を開く神人合一への鍵となることを、心から願ってやみません。

櫻井　喜美夫

目次

第1章

内なる神を映し出す「7つの黄金鏡」

真の幸福を呼び寄せるには

誰もが、内なる神（龍）に目覚めるために何度も輪廻転生を繰り返しています。また、内なる神に目覚めることは、伊都能売《いづのめ》の身魂《みたま》になるための第一歩でもあります。

出口王仁三郎《でぐちおにさぶろう》聖師が「人間が現界へ生まれて来る目的は、天国を無限に開くべく天よりその霊体の養成所として降ろされたものである」（『霊の礎』）と言っているように、どんな人であっても、人生のさまざまな体験を通して心身の穢《けが》れを清め、身魂を磨くための課題を持ってこの世に生まれてきます。

このあらかじめ決めてきている人生の課題を「宿命」と呼び、変えることはできません。一方で、運・不運という後天的な「運命」は、自分の努力次第で変えることができます。

これについて王仁三郎聖師も次のように述べています。

「『宿命』とは人間各自が先天的にもって生まれた境遇であって、後天的にどうする事も出来ない境涯をいうのである。『運命』は努力次第で無限に開拓して行けるものである」（『水鏡』「宿命と運命」）

「運命というものは、自分がつくってゆくのである。運という字ははこぶと訓《よ》む。こちらから運んで運命を展開してゆくのであって、自分の思惑の立つように、自分からしむけて行くのである。そういう人を神様はお助けなさるのであって、棚から落ちてくる牡丹餅《ぼたもち》を待っておるような人は、いつまで待っても運が開けることはない。幸運は、はこばねば得がたいものである」（『水鏡』「運は人が作る」）

要するに、運命、すなわち幸運や不運は天まかせではなく、自分自身が選んでいるということ。であるなら、幸運をつかむためには「幸運と不運の違いは何か？」を知っておく必要があります。

端的に言えば、幸運と不運の違いは宇宙の法則や進化の流れに乗っているか否かということです。

つまり、運がいい人というのは、宇宙の法則と共振共鳴し進化の流れに乗っている人で、反対に運が悪い人とは、宇宙の法則との共鳴度が低く、進化の流れから外れている人のことを言います。

そして、この宇宙の法則や進化の流れを感知するのは、99パーセントのインスピレーションであり、その受け皿となるのが私たちの内側にある黄金鏡です。

現界に生きる人は誰一人例外なく宇宙の欠片《かけら》、宇宙の一部として存在しています。だからこそ、宇宙の法則や進化の流れに沿って生きることが真の幸運を呼び寄せるのです。

真の幸運は真の幸福を呼び寄せます。真の幸福とは、内なる神を目覚めさせることであり、それが王仁三郎聖師が述べた「霊主体従《れいしゅたいじゅう》」の真意だと私は思います。ですから宇宙の法則と共鳴し、進化の流れに乗るブレない生き方が、神人合一をはかるには大切なのです。

宇宙の法則は、中庸・調和・バランスで成り立っていて、いくつかの数字や数式でも示されます。ここでは、人生の幸・不幸に関わる7つの要因について取り上げ、その解説をしてみたいと思います。

人生の幸・不幸を分ける7つの要因とは、①頭、②心、③魂、④体、⑤家、⑥財、⑦友です。

ではさっそく、それぞれどのような意味があり、どのようなあり方が宇宙の法則と共鳴するのか、黄金鏡を通して見ていきましょう。

第❶の黄金鏡―頭「大脳新皮質」（霊長類の脳）

まずは脳の働きからです。

ここで言う「頭」とは、大脳の表面に当たる大脳皮質の中でもとりわけ「大脳新皮質」の働きを指します。この大脳新皮質がバランスよく機能していると宇宙の法則と共鳴しやすくなります。

バランスをとるためには、脳の内部がどのような構造と働きを持っているかを知っておく必要があります。普段は無意識で行っていることをあえて意識化することによって、そこに注意（エネルギー）が向けられてバランスがとりやすくなるのです。

大脳新皮質は進化の過程で見ると「霊長類の脳」（または新哺乳類の脳）に当たり、おもに

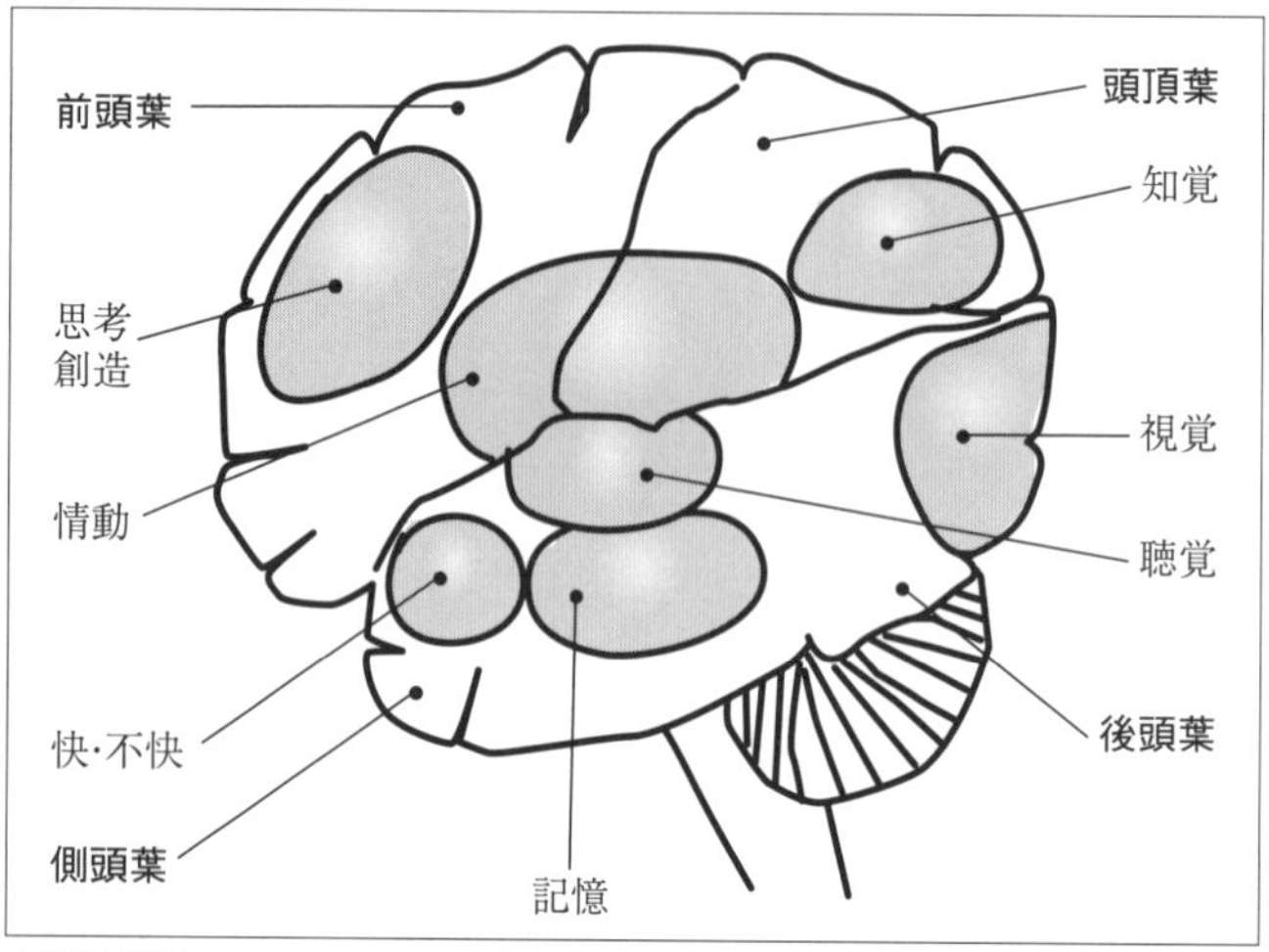

大脳の構造

前頭葉《ぜんとうよう》、頭頂葉《とうちょうよう》、側頭葉《そくとうよう》、後頭葉《こうとうよう》に分かれています。

前頭葉は、思考や創造性を担う脳の最高中枢と考えられ、生きていくための意欲や情動に基づく記憶、実行機能などを司っている前頭前野と運動の遂行や準備に関わっている運動野、運動前野に分かれています。頭頂葉は痛み、温度、圧力などの体性感覚を、側頭葉は聴覚、嗅覚、情緒、感情を、後頭葉は視覚中枢を司っています。

前頭葉（前頭前野皮質）の全皮質に占める割合は、ヒトが29パーセントと特別多く、チンパンジーは17パーセント、犬は7パーセント、猫においては3・5パーセントとなっていることからも、人間を人間たらしめているのは前頭葉だと見られています。

こういった働きからもわかるように、人間は五感（視覚・味覚・触覚・嗅覚・聴覚）を駆使しながら、複雑な感情や理性などによって思考や言語をコントロールし、人間性や知性といったその人となりを発揮していると言えるでしょう。

また、バランスという点では、左右の脳のバランスも重要です。

大脳は左右の大脳半球に分かれていて、中央の脳梁《のうりょう》で繋がっています。体の右側の運動や感覚は脳の左半球が、左側の感覚は右半球が支配していて、脳梁にある神経線維で互いに情報をやり取りしながら協調して働きます。

右脳はおもに図形や絵、音楽などのイメージやひらめきを、左脳は言語や文字、計算、論理的判断などを担当しています。男性は一般的に左半球のほうが少し大きく、女性の場合は左右の差がなく、また女性は男性よりも脳梁が太く、左右の脳の連絡が密で、言語を使うときも左右両方の脳を使う傾向があります。

これをわかりやすく言うと、左脳はデジタル処理の働き、右脳はアナログ処理の働きで、男性はデジタル処理が得意で、女性はデジタルとアナログの両方を駆使しやすいと言えます。

このように人間らしさを司っている「霊長類の脳」は、幅広い知識を深め、勉学に励むことによって鍛えられます。

一般に「頭が良い」と言われる人に共通しているのは、頭の回転が速い、記憶力や計算力に優れている、創造力や企画力がある、想像性が豊か、言語や主張が明瞭等々です。

しかし、最も大切な点は、中庸＝バランスがとれているかどうかです。いくら頭が良くても、人柄や人間性に問題があっては、決して幸運は訪れません。

なぜなら、宇宙の法則は中庸＝バランスであり、螺旋状に進化していて、それと共振共鳴できる調和的、発展的な働きができてこそ、本来備わっている最高・最善・最適な機能としての内なる神性が発揮でき、結果的に幸運を呼び寄せられるからです。

すなわち、五感と知性、デジタル左脳とアナログ右脳という両極において、いずれか一方に偏るのではなく、両方の機能をバランスよく使い、統合させること。これが宇宙の法則や進化の流れに乗る「霊長類の脳」（頭）の使い方です。

大脳新皮質のバランスが崩れていると他人から洗脳されやすくなり、怪しい団体や宗教にコントロールされたり、上手い口車に乗せられて簡単に取り込まれてしまうので注意しましょう。

第❷の黄金鏡―心「大脳辺縁系」（哺乳類の脳）

次は、宇宙の法則に共鳴しやすい「心」のあり方です。

ここで言う心とは、「哺乳類の脳」（または旧哺乳類の脳）と言われる大脳辺縁系の働きです。それではさっそく、その構造と働きについて見てみましょう。

大脳辺縁系は、左右の大脳半球を繋ぐ脳梁をぐるりと囲んでいる部分です。ここは哺乳類動物の脳と同じ原始的な部分で、人や動物に共通する機能を司っています。

つまり、食べることや生殖などの本能の行動、怒りや恐怖、快感などの情動を調節していて、記憶の形成や自律神経の働きとも深い関係があります。

大脳辺縁系のうち海馬《かいば》はおもに記憶、扁桃体《へんとうたい》や側坐核《そくざかく》は情動に関わっていて、好きか嫌いか（快・不快）を過去の記憶から判断し、好き（快）と判断した場合は意欲を起こし、嫌

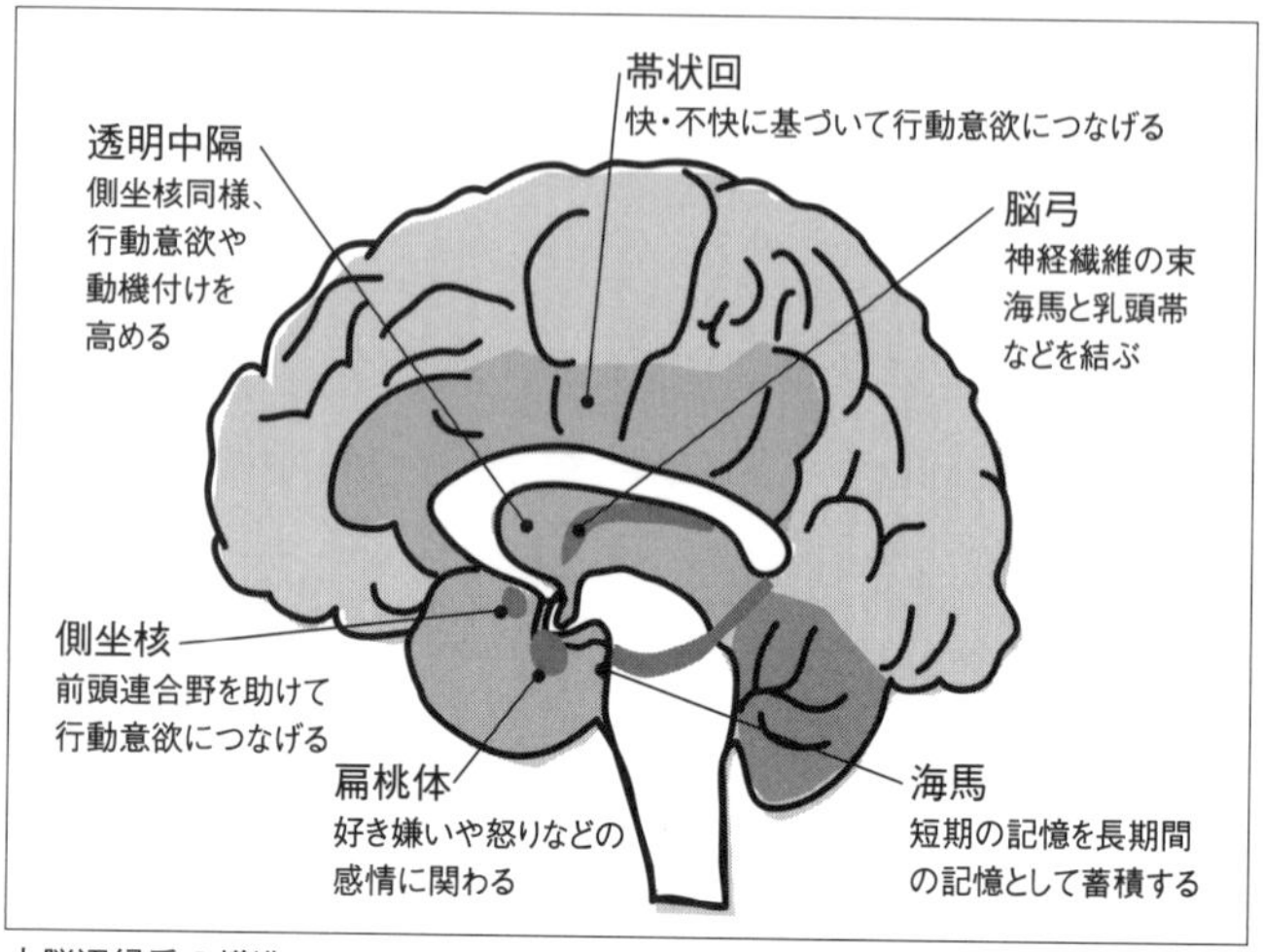

大脳辺縁系の構造

い（不快）と判断した場合はそれを避けようとします。

要するに、無自覚のうちに私たちの心情や行動に影響を与え続えているのがこの「哺乳類の脳」であり、喜怒哀楽や好き嫌いなどの感情を生みだす「心の座」であると言えるのです。

また心の働きは、マイナス思考に繋がるものとプラス思考に繋がる、それぞれ5つの感情に分けられます。

マイナス思考に繋がる五情とは、激怒、呪い、失望、悲しみ、恐怖の5つ。

プラス思考に繋がる五情とは、平和、喜び、共感、謝罪、安心の5つです。

もうおわかりのように、宇宙の法則や進化の流れに共鳴しやすいのはプラス思考に繋がる五情です（王仁三郎聖師は人間の中に内在する「四魂五情」について触れていますが、これに関しては第５章で取り上げます）。

私たちの目にどんなに激しく、厳しく映る現象であっても、宇宙の法則から見れば常に必然であり、最高・最善・最適な流れで起きています。ですから、私たちの心の状態が平和で安定した偏りのない気持ちや前向きな感情で満たされていて、誰に対しても常に思いやりを持てる心でいれば宇宙と共鳴することができ、その結果として幸運が訪れるのです。

これが王仁三郎聖師の言う「愛善の世界」です。

心の状態は、対話はもちろん、何気ない動作や非言語コミュニケーションにも反映されます。ですから、自分の心がマイナス思考を生む五情に支配されていると否定的なエネルギーが発せられ、相手からもネガティブな反応が返ってきて、不調和や破壊的な結末を招く結果となります。

一方、プラス思考に繋がる五情に満たされていると、相手の反応もよりポジティブなものになり、プラスとプラスの相乗効果で、お互いに豊かな気持ちになれます。

ようは、心がすべての現象の捉え方を決めている、簡単に言えば「心のあり方次第」ということです。

したがって、まず自分の中にマイナス思考に繋がる五情が潜んでいないかを内省することが大切です。そして、プラス思考に繋がる五情を意識しながら心を養うこと。このような心のあり方が幸運を呼び寄せ、内なる神を目覚めさせることにも繋がるのです。

王仁三郎聖師はこの心のあり方が現界にさまざまな影響を与えることについて、多くのことを示唆しています。ここでその一部を紹介します。

「人の心が平和と喜びと慈しみに充ちている時は、すなわち愛善の精神に満たされている時には、その五体から明紫の霊光を放射するものである。この明紫の霊光に包まれると、人間はもちろん、動植物にいたるまで、その精神的物質的生長力が旺盛になってくるのである。

また人の心がみだれ、悲しみと憎悪に満ちている時、すなわち愛悪の精神がみなぎっている時には、その五体から暗赤の色を放射するものである。これは常に破壊性、殺害性の力を有するものであって、そのための刺激を受けると、精神的にも物質的にも生長力を阻害されるものである。人によって、なんとなく衣類器具等を汚し損する人がある。これも右のごとき破壊的色素の一つの働きである。

そして、かかる愛悪の色素がだんだんと天地に充満してくると、その結果、肉体的には病を発生し、精神的には不安懊悩を誘発するにいたるものである」(『愛善健康法』「心と健康」)

「この現象世界のことをウツシ世という。それは、実体界を映写した世界という意味なのである。しからば実体界とは何か、という問題がおのずからおきてくるが、わかりやすい言葉でいうと、実体界とは『精神界』ということである。

たとえば、人間が激昂して相手をなぐるとすると、激昂することが精神界の働きであって、なぐるということが現象界の働きになるのである。大宇宙間におこるもろもろの現象は、実に複雑きわまる関係におかれているものであるから、簡単な人間の推理力で、その奥底を把握することは不可能であるが、すべて精神界におきたことは、あるいはその形を変え、その過程をちがえることはあっても、かならず現象界にことごとく映写されるものである。

この世の中に、病気がますます増加するのは、すべての人の心の悩みの反影であり、犯罪がいよいよ多くなるのは、人の心の偽りがかく現われてくるものなのである」（全掲書「病気は心の悩みの反映」）

いかに私たちの「心のあり方」が森羅万象すべてのことに波及していくのか、聖師の言葉からもおわかりいただけるかと思います。

第3の黄金鏡――魂「脳幹」（爬虫類の脳）

頭と心だけでなく、その奥にある「魂」のあり方も宇宙の法則と呼応しています。

魂ははたして脳のどの部分と関連しているのでしょうか？

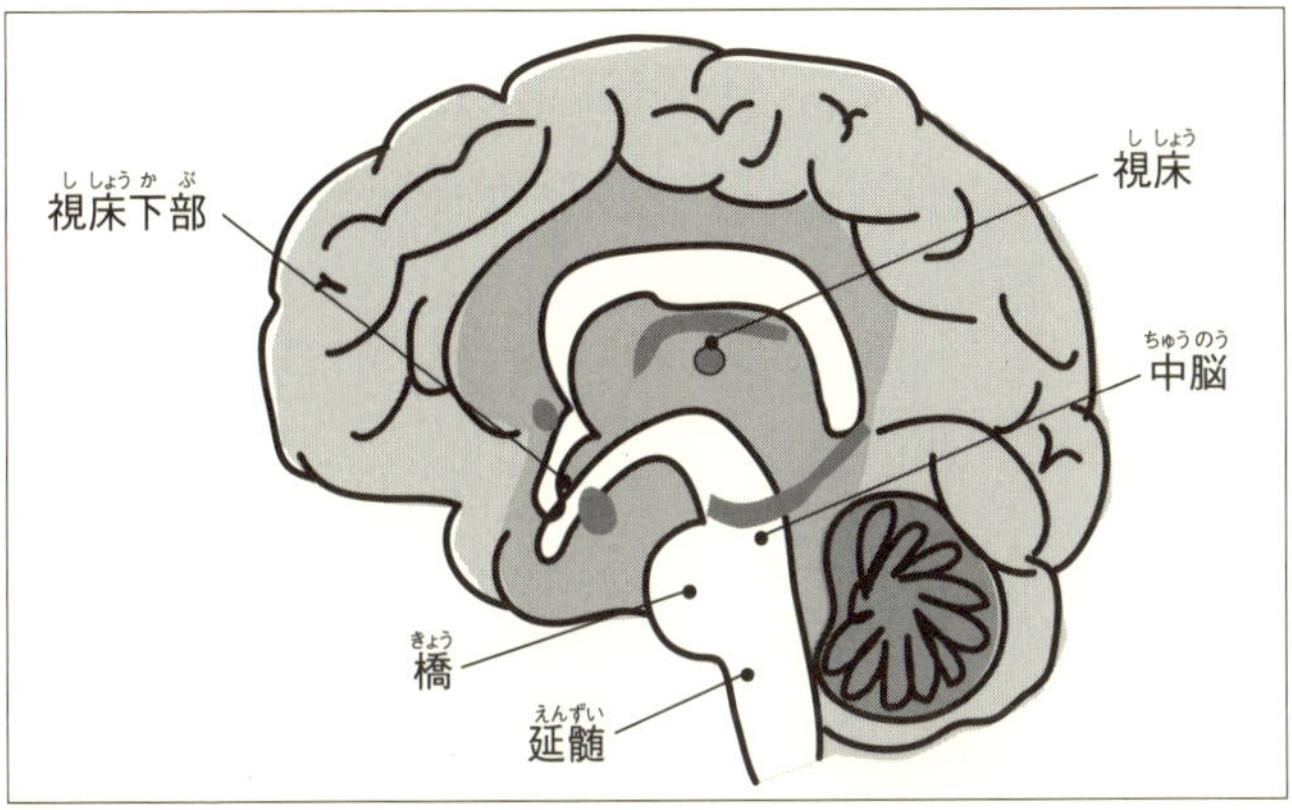

脳幹の構造

それは最も原始的な機能を司っている「脳幹」です。脳幹（間脳《かんのう》、中脳《ちゅうのう》、橋《きょう》、延髄《えんずい》）は「爬虫類の脳」と呼ばれ、種の保存や呼吸などの生命維持を司っています。つまり、脳幹は物質界における命の電源に相当することから、魂と呼ばれる次元とも繋がっていると考えられるのです。

脳幹の上部に位置する間脳は視床《ししょう》と視床下部《ししょうかぶ》から成り、嗅覚を除くすべての感覚線維を中継します。視床は末梢から大脳皮質知覚領域へ行くニューロンが交差する重要な部分で、視床下部は物質代謝、水分代謝、性機能、睡眠を司り、多くのホルモンを分泌する部位です。

その下の橋は呼吸、循環、嚥下《えんげ》などの反射神経の中枢、瞳の縮小、散大や姿勢の反射中枢があり、最下部の延髄には呼吸運動や血管の収縮・拡張、唾液分泌や嚥下を制御し、生命の維持に重要な自律神経の中枢があります。

このように、脳幹の働きは生命力そのものを表わし、気力、体力、精力の源です。

ここまでは現代科学でもある程度わかっていることですが、私はこの脳幹にこそ、魂と呼ばれる働きが関係していると見ています。すなわち、脳幹＝「魂の座」である、と。

なぜなら、脳幹の働きが弱まると無気力になって、まるで植物人間かロボットのような精気のない人間になってしまうからです。

一方、脳幹の働きが活性化し鍛えられている人は、気力が充実して魂の声である直感にすぐれ、歳をとっても意気揚々としていて、精気に満ちている。感性も豊かで、困難な状況を乗り越えるバイタリティもあるため、宇宙や自然界の変化を敏感に感じ取りながら力強く生き抜いていくエネルギーに満ち溢れているのです。

脳幹にはそのような「魂の感応機能」が備わっているだけでなく、前世の記憶や因縁などの霊的情報も記憶されているのではないかと私は考えています。

いずれにしても、脳幹も宇宙の法則や進化の流れと共鳴することによって潜在的な力を発揮し、幸運を引き寄せることができるようになります。

脳幹（爬虫類の脳・魂の座）は、住宅に例えると基礎の部分に当たります。基礎が盤石であれば、その上に建つ構造も頑丈で、どんなに大きな地震が起きても倒れることがないのは言うまでもありません。

脳幹の上部に位置する、先ほど取り上げた哺乳類の脳（心）や霊長類の脳（頭）にいかに活力を与え、それらをどのように使うかもこの脳幹力次第です。

脳幹の働きが弱まっていると、宇宙の法則や進化の流れとズレを生じて、糸の切れた凧のようにふらふらと迷ってしまいます。

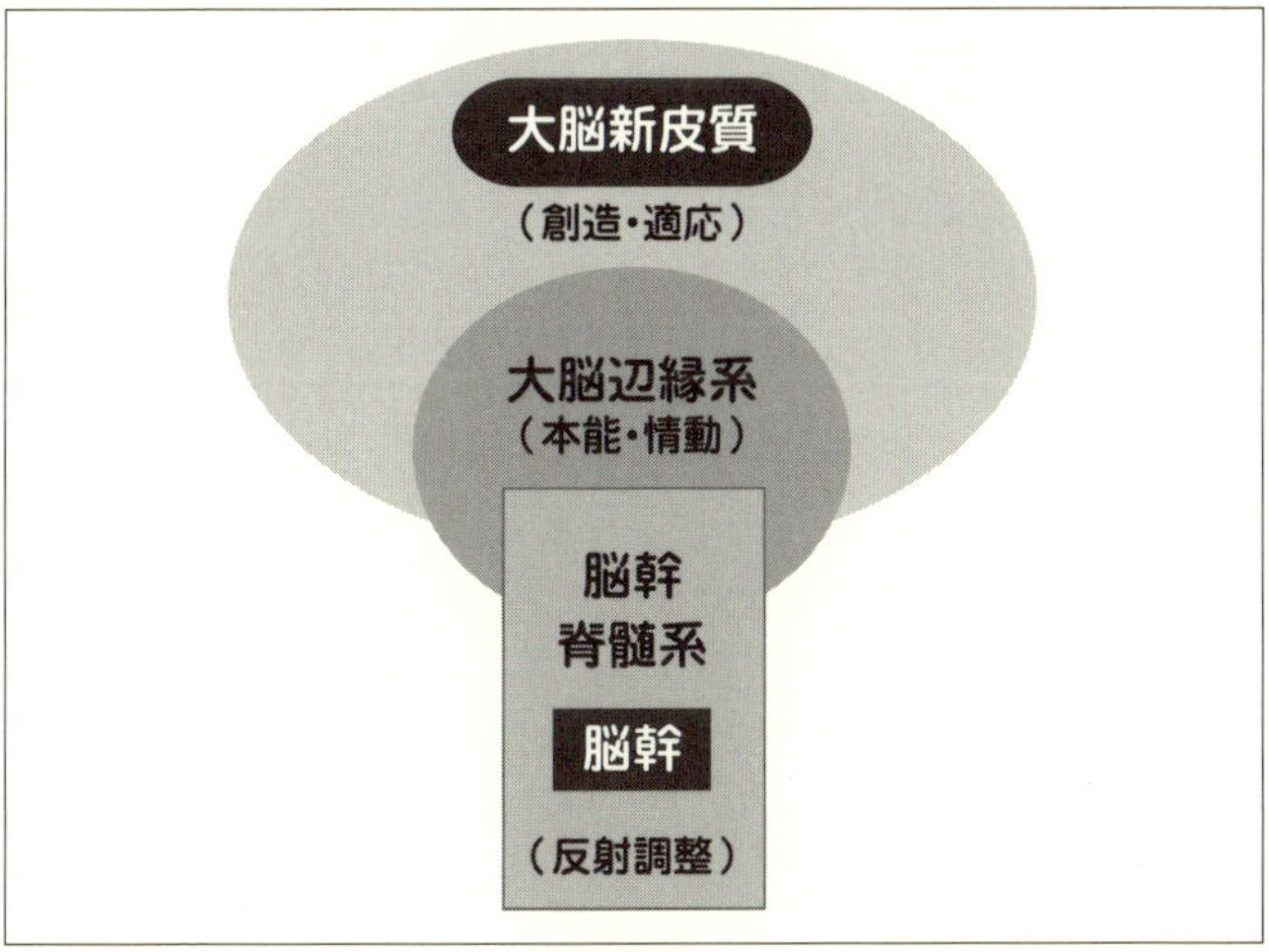

脳幹が基礎になり、その上部に大脳辺縁系と大脳新皮質が存在する。

また、脳幹の持つバイタリティを宇宙との共鳴ではなく、我欲に注いでしまうと、物質的な強欲さや色情因縁などに陥ってしまい、宇宙の法則とは相容れないエゴイスティックで不調和な人生を送ることになります。

これは一部の宗教家や狂信的信者、拝金主義者たちのいびつな姿に象徴されます。

宇宙は自由でオープンな調和システムです。宇宙と共鳴しているものは美しく、心も軽やかになり、共鳴度が低ければ低いほど醜く、不自由さや苦しさを伴います。

要するに、我欲や頑なな考え方（硬直した理論や信念）に対するこだわりが強いと、宇宙の法則や進化の流れとは共鳴しづらくなるのです。

とりわけ今の時代に求められているのは、〝魂の縛り〟から解放されることです。

縛りとは、宗教団体などによる古臭い教義への囚われや、教祖やカリスマ的リーダーによってもたらされた無意識の洗脳による誤った情報などです。

これは図形的に示すと宗教やグローバル経済などに見られるピラミッド型の支配構造で、1パーセントの特権階級が99パーセントの人びとをコントロールするための仕組みによるものです。しかし、もうその時代は終わりを告げ、これからは円型（○）の時代に移行しつつあります。

ピラミッド型（△）の支配構造が崩れ始めた兆候は、リーマンショックやニューヨーク街を中心に続く若者らの市民デモ、あるいは「アラブの春」と名付けられた民主化運動や日本の脱原発デモの動きなどにも見てとれます。

これまでの私の著書で何度も述べてきたように、ダイナミックに変動する宇宙と地球の変化に伴って、今は一人ひとりが自立し、対等な立場でゆるやかなネットワークを築く「水瓶座の時代」を迎えています。

ですから、誰もが本来は自由で軽やかな魂を持っているということを自覚して、〝魂の縛り〟を取り払う、すなわち囚われの宗教から、魂そのものである宇宙根源神（ＣＯＵ）と直に繋がることのできる「アクエリアスファミリー」へと進化を遂げてゆく必要があるのです。

王仁三郎聖師は言いました。「人間として、その身内（注・身体の中）に天国を有しなかったならば、身外にある天国は決してその人に流れくるものではない」（『霊の礎』）と。

要するに、宇宙根源神（ＣＯＵ）と繋がり、内なる神を目覚めさせ無限に一体となることで「身内に天国」を有することができるようになる。つまり、魂の縛りがあると神人合一は果たせないということです。

王仁三郎聖師が「みろくの世に宗教があってどないする」と喝破したのも、来るべき愛善世界は神人合一した〝解放された自由な魂〟たちによって築かれることを見通していたからに違いありません。

とくに、前作で述べた龍神系の魂は、脳幹という魂の感応センサーの感度が鋭いので、水瓶座の水の性を受け、今の時代の息吹、要請を誰よりも早く感じているに違いありません。龍神系の魂、すなわち一部の龍神脳を持つ人びとは、時代が大きく動く時にその変化を宇宙の流れに沿って促す役割を担っています。

今、日本人が世界から注目されているのも、龍体列島に住む爬虫類の脳を進化させた龍神脳を持つ人たちが多いからであり、宇宙の流れをキャッチし、時代にあった方向性を具体的に指し示すのは、そういった龍神脳（龍人族）の役割と言えます。

ここまで、頭、心、魂の説明をしてきましたが、この3つはそれぞれ三丹田《さんたんでん》（「上丹田」「中丹田」「下丹田」）やチャクラと対応しています。これについては次章で詳しく述べることにします。

第4の黄金鏡―体「身体」（神の生宮《いきみや》）

「体」については、読者の皆さんも関心が高く、さまざまな健康法について詳しい方もたくさんいらっしゃることでしょう。

この世においては身体が基本で、丈夫で元気な身体を保つこと、そしていわゆる「ピンピンコロリ」的な終焉《しゅうえん》はそのまま宇宙の法則や進化の流れに乗っている状態なので、幸運に繋がることは言うまでもありません。

また、現代に生きる私たちが健康について考えるとき、社会の副産物である、例えばダイオキシン、ＰＣＢ、ＰＭ２・５などの毒性のある物質に気をつけたり、これらを中和する努力がいることは前提になります。

身体に関する詳しい話は次章にゆずるとして、ここでは幸福に繋がるための身体調整について簡単に触れてみましょう。

皆さん、健康な人と病気になる人の違いは何だと思いますか？

それは、「宇宙や自然のバランスと同じ状態を保っているか」、それとも「著しくバランスを欠いているか」の違いです。

著しくバランスを欠いてしまった結果、身体がその警告サインを発したり、修復をはかろうとしているのが各種の症状であり、そのままでいるとさらに免疫力が低下して生活習慣病など慢性的な病気になってしまうのです。

自然の一部である私たちの身体は、自然の法則によって生かされ、本来その個性を全うできるようにつくられています。東洋医学では、そうした法則性を陰陽や五行によって分類・解説しています。

五行とは、この世のすべてのものは「木・火・土・金・水」の5つの要素の相互関係で成り立っているという考え方です。この五行と人体の五臓（肝臓・心臓・脾臓・肺臓・腎臓）の関連について知っておくと、身体のバランス調整はもちろん、病の予防と治癒にも役立ちますので、少し説明しておきたいと思います。

まず、五行はそれぞれに表わす色と身体の部位があります。また、感情やイメージと臓器の症状とが対応関係にあると捉えており、機能低下の際に身体面と感情面でどのように表われるかがわかるようになっています（38ページの五行判別表を参照ください）。

つまり、自分が日頃からどんな感情を持ち、イメージを描くかによって身体に及ぼす影響が異なってくるということです。

言い換えると、マイナスの感情とイメージは、それぞれ対応する臓器の働きを弱め、プラスの感情とイメージは対応する臓器の働きを強める、ということです。

たとえば、「最近、心臓の調子が悪い。脈が速くなってきた」という症状があるとしたら、まずは五行判別表に照らし合わせ、「心臓」のところを見てみます。すると「火」のグループになっていることがわかります。

次に、五行メタファー表（39ページ参照）で、「火」のグループを確認してみましょう。そのマイナスイメージを読んでみると、相手に対して憎悪の念を持っていることが浮かび上がってきます。

そうしたら今まで、自分の中から出てくる恨みの感情を誰かにぶつけていなかったか、誰かを非難したり、誰かのせいにしてばかりいなかったか、振り返ってみてください。

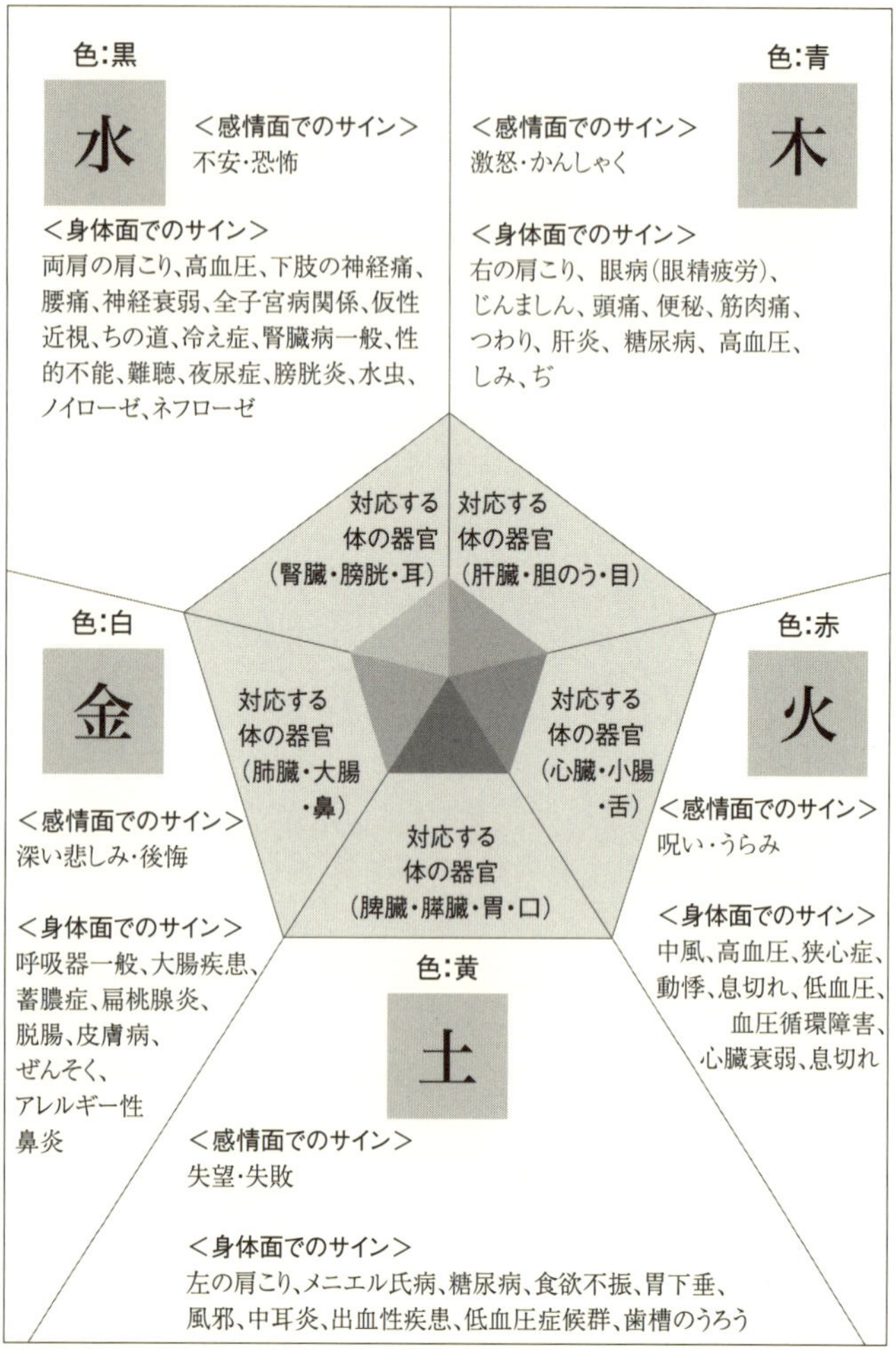
色:黒
水
＜感情面でのサイン＞
不安・恐怖
＜身体面でのサイン＞
両肩の肩こり、高血圧、下肢の神経痛、腰痛、神経衰弱、全子宮病関係、仮性近視、ちの道、冷え症、腎臓病一般、性的不能、難聴、夜尿症、膀胱炎、水虫、ノイローゼ、ネフローゼ
色:青
木
＜感情面でのサイン＞
激怒・かんしゃく
＜身体面でのサイン＞
右の肩こり、眼病(眼精疲労)、じんましん、頭痛、便秘、筋肉痛、つわり、肝炎、糖尿病、高血圧、しみ、ぢ
対応する体の器官(腎臓・膀胱・耳)
対応する体の器官(肝臓・胆のう・目)
色:白
金
対応する体の器官(肺臓・大腸・鼻)
＜感情面でのサイン＞
深い悲しみ・後悔
＜身体面でのサイン＞
呼吸器一般、大腸疾患、蓄膿症、扁桃腺炎、脱腸、皮膚病、ぜんそく、アレルギー性鼻炎
色:赤
火
対応する体の器官(心臓・小腸・舌)
＜感情面でのサイン＞
呪い・うらみ
＜身体面でのサイン＞
中風、高血圧、狭心症、動悸、息切れ、低血圧、血圧循環障害、心臓衰弱、息切れ
対応する体の器官(脾臓・膵臓・胃・口)
色:黄
土
＜感情面でのサイン＞
失望・失敗
＜身体面でのサイン＞
左の肩こり、メニエル氏病、糖尿病、食欲不振、胃下垂、風邪、中耳炎、出血性疾患、低血圧症候群、歯槽のうろう

五行判別表

木【青】

マイナスイメージ　悔しさ・怒り・痛恨・癇癪・激怒（背信行為に対して激怒する）

プラスイメージ　自信・成長・平和・前進

その怒りの原因は何ですか？　自分や身内、他人に怒っていませんか？　誰かに敵意を持っていますか？　なぜですか？　何のために？　誰かの言動に激怒して、自分自身を傷つけていませんか？　平和的解決や平穏無事の考え方を取り入れ、自分の成長や自分以外のすべての人への平和を願い、自分自身の前進を心がけて穏やかに生活しましょう。

火【赤】

マイナスイメージ　憎む・攻撃・呪う・死闘・恨む（相手に対して憎悪の念を持つ）

プラスイメージ　愛情の喜び・情熱・大きな歓喜・歓声

戦う相手は誰ですか？　何のために相手を憎み、攻撃するのですか？　愛情の喜びを相手に伝えていますか？　情熱と喜び、そして心からの歓声を共有できる相手はいますか？　その笑いは純粋ですか？　自分をごまかすバカ笑いではいけません。はしゃぎ過ぎていませんか？　相手に対して憎むことをせず、本当に心から楽しく微笑んで生活しましょう。

土【黄】

マイナスイメージ　つらい・落胆・失敗・失望・失恋

プラスイメージ　穏やか・同情・共感・嬉しさの共有

つらいことや失望感に沈んでいませんか？　落胆、失敗は自分自身のパワー不足が原因になっていませんか？　失敗したことや失ってしまった大切な人のことを考えすぎても、再び戻ることはありません。友達と食事をしたり、共有できるスポーツやカラオケ、または趣味を通じて嬉しい時間や楽しみを共有しましょう。

金【白】

マイナスイメージ　後悔・深い悲しみ・罪悪感

プラスイメージ　忘却・謝罪・純粋・明朗

深い悲しみをいつまでも引っ張って生活していませんか？　罪悪感や後悔の原因になっていることは、何が原因でしょうか？　悔やむことから一日も早く抜け出す方法は、忘れ去ることです。忘れ去ることのできない大切な友人ならば、その人のために強く生きていきましょう。後悔から謝罪する気持ちに切り替えて、楽しく純粋に正しく生きましょう。

水【黒】

マイナスイメージ　不安・恐怖・不幸・恥さらし

プラスイメージ　安心・安定・満足・大丈夫

不安や恐怖、そして不幸な人生の原因は何ですか？　痛みや恥さらしになって、うめき声を出したことはありませんか？　その不安定な気持ちは心の奥から発する恐怖や不安・不幸からですか？　あなたが持つ恐怖心は自身の心の中に解決する方法を宿しています。それが見つかれば不安定な心が消え去り、安定と安心ができて心から大丈夫になるでしょう。

五行メタファー表（「HIMIKO のメタファー」）

もしもそんな自分に気がついたら、そのマイナスイメージが自分を傷つけていたということなので、今度はそれをプラスイメージに転換すればいいのです。

喜びや情熱を大切な人や大事な仲間と分かち合っている姿を想像してみましょう。しだいに、疎外感でいっぱいになっていたあなたの気持ちは、穏やかになっていき、そのリズムに合わせて脈もゆっくりと規則正しくなっていくでしょう。

このように五行を活用することで、自分の心と身体のバランス調整が可能になります。心と体、感情と病気は密に関係し合っている。これについて、王仁三郎聖師も言及しています。

「病気の大半は忘るる時に全治する。元来、心からおこるものだ。病体となれば、大半は医術の必要がある。しかし十中八、九は病気なのだ」（『愛善健康法』「病気と病体」）

もし今、身体のどこかに不調を感じているなら、マイナス感情を内側に溜め込んでいないかどうか、五行判別表とメタファー表を用いて一度チェックしてみてください。

第⑤の黄金鏡―家「家庭」（休息の場）

この世において、「家」は最も基本となる集団です。前述した第1～第4の黄金鏡の輝き方や機能も、どんな家に生まれ、どんな両親、家族のもとで育つかによって大きく左右されることは容易に想像がつくと思います。

もちろん家族の仲が円満か、それとも不和な状態か、それによって幸運・不運の差が生じるのは、言うまでもないことです。

調和、ハーモニーが宇宙の法則なので、家族円満な家庭はそれだけで宇宙と共鳴していることになり、その家族にとってプラスとなるものを引き寄せられるようになります。

ですから、あなたがもし親であるなら、パートナー（夫や妻）や子ども達とどんな関係を築いているかが、そのままこの世における幸運度を決めることになります。

夫や妻、祖父母に対する不平、不満、愚痴、子どもに対する過干渉、放任、暴力などは宇宙の法則に反し、幸運とはかけ離れた方向であって、そのようなネガティブな関係を続けているとやがては家庭崩壊に繋がります。

王仁三郎聖師は夫婦のあり方についても、こう述べています。


「やはり夫婦は家庭本位でなければならぬ」（『水鏡』「恋愛と家庭」）


現に今、家庭内に対立や不法行為、身体的・性的虐待、ネグレクトのような心理的虐待が恒常的に存在する機能不全家族が増えていると言われています。機能不全というくらい、家族の体をなしていない、本来の家庭の働きが失われてしまっている状態です。

これにはさまざまな要因が複雑に絡んでいることでしょう。

そのひとつに、王仁三郎聖師が言った「家庭本位」という基準よりも、「自分本位＝われよし」の状態になっていることが考えられるのではないでしょうか？

常日頃から親子の対話や触れ合う時間を持たなかったり、あるいは、親から暴力を受けたり、親からの愛情を十分に受けていない人が結婚して親になっていることとも密接に関連しているはずです。これは、非常に憂うべき負の連鎖です。

幼い頃から家族みんなで食卓を囲んだり、楽しい団らんや余暇を過ごす習慣を持つことで家族の絆が育まれるのであって、子どもが孤食やゲーム、インターネットばかりに熱中し過ぎていると、人との関係性も希薄になってきますし、その状態に気づかない親は、自分の子どもに対する責任放棄だと言わざるを得ません。

相続問題などでもめるケースも、それまでの家族関係が希薄だったり、お互いの不信感やネガティブな感情を溜めこんでいた結果であることが大半です。

家は、家族の絆やお互いに豊かな愛情を育むための場。親鳥が外敵からヒナを守りながら巣の中にせっせと餌を運び入れて育てるように、毎日の生活の中でお互いの絆を育んでいく安心できるコミュニケーションの場であるはずです。

外でつらいことや悲しいことがあったとしても、家庭が温かく、心の安らぎやストレス解消の場になっていれば、子どもはたくましく育ち、自分の能力や個性を発揮しようと努力し、多少のことがあってもへこたれることはありません。

父親も子育てを母親任せにせず、夫婦が共に助け合い、子どもの気持ちに寄り添いながら、良い時にはほめて自立させることが家族の本意であり、それこそが宇宙と響き合う幸福な家庭のあり方ではないでしょうか。親からほめられた回数の多い子どもは、学業でもスポーツでも上位になると言われています。

家が子どもの幸せを呼び込む頭や心をつくる基盤であることを、改めて考えていただきたいと思います。

第⑥の黄金鏡―財「お金」（自己実現のための道具）

この世においては「財力」もある程度、必要不可欠なものです。

近い将来、貨幣経済や資本主義的な経済システムは不要になる時が訪れるでしょう。ですが今はまだ貨幣経済社会である以上、一般庶民はある意味、一握りの大資本家たちに管理されているので、最低限のお金を持っていなければ生きていけません。

ですから、「お金は悪」「お金儲け＝ビジネスにはまったく無関心で自分には必要ない」という考え方は極端な偏った考えと言えるでしょう。

そのように、お金を汚いもののように捉えてしまう傾向にあるのは、精神世界やスピリチュアルなものに引かれる人に多いようですが、お金もエネルギーなので、ネガティブな捉え方はネガティブなエネルギーとなって本人に返ってきます。

また、お金は「お足《あし》」とも言います。足が自由に動き回るように、お金も自由に自分のもとを行ったり来たりします。ですから、お足＝お金を大切にして居心地のいい場所（懐）になるように、日頃からお金に対して感謝やお礼を言うようにしましょう。

王仁三郎聖師もこう言っています。

「金持ちと金番とは違う。金を生かして使う人を金持ちというのである。金もいきものであるから、自分を活かして使ってくれる人を喜ぶ。活動さしてくれぬような主人に対しては不平があるから、そういうところには金が集まらぬ」（『水鏡』「金持ちと金番」）

いつもお金に苦労しているのは、意識の深いところでお金（財力）への偏見や囚われがあるのかもしれないので、思い当たる人はその点を反省してみる必要があります。偏見や囚われは宇宙の法則や進化の流れと相反するものなので、そこを解放できればその人に必要な適正な財力が与えられるようになるでしょう。

ようは、どのような意識でお金（財力）を扱うかであり、大事なのは目的意識で、お金はその目的を達成する現段階における有効な手段になる、ということです。

いくら立派な理想や考えを持っていても、現実生活があまりにも貧しければ所詮は絵に描いた餅で終わってしまうので、ある程度、経済的な視点や余力が必要なのです。

もちろんその逆の、「お金だけがすべて」「お金さえあれば幸せが手に入れられる」という金銭至上主義は、宇宙の法則に反した極論であることは明らかです。

とはいえ、やはりいくら素晴らしいアイデアを持っていたとしても、一文無しではこの世における現実的な力も発揮できない。

ですから、宇宙の法則や進化の流れに合致するアイデアや理想があるのであれば、お金という媒体を有効に使って、それを具現化することが求められます。それができてこそ、本人も、また周囲の人たちも幸せになれるのです。

つまり、お金持ちになるのが目的ではなく、生活を便利にする手段として、また自己実現するための道具としてお金を使う。そしてそれが多くの人びとの喜び、感謝のエネルギーとして返ってくる。これが財運が良くなる秘訣でもあります。

現に、これまで一般庶民や人類全体に役立つ発明や技術開発をしてきた人びとは、それを成し遂げたからこそ多くの人たちと幸福を分かち合うことができ、その結果としての財を築いているのです。

財もまた幸運を呼ぶための鍵であり、媒体である。これがバランスのよい中庸の考え方です。

第7の黄金鏡―友「社会」（愛の力）

7つ目の黄金鏡は、「友」です。ここで言う友とは、社会、学校、職場などの自分を取り巻くすべての人びとを指します。第1～第6までの黄金鏡に内なる神を映し出す機能があることは、自分自身に関係しているので比較的わかりやすいですが、友の大切さはややもすると忘れがちです。

しかし、自分を取り巻く周囲の人たちがいてくれるお陰で現在の自分が存在している、幸せがもたらされていることを決して忘れてはいけません。

どんな人であっても、自分一人で生きてきたわけではなく、陰に陽にサポートを得ながら人間的な成長を遂げ、人生におけるさまざまな経験を重ねてきたはずです。

そこで得られた幸運は――それが精神的なものであれ、経済的なものであれ、あるいは社会的な立場であれ、自分の努力だけではなく、必ず周囲の人たちの支えがあってのこと。そんな友への感謝を忘れてしまったら、幸運を一人占めすることになり、そうなると宇宙の法則や進化の流れに反して、結果的にその人から幸運が離れていってしまいます。

宇宙の法則とは、あらゆる存在が互いに支え合い、各々が尊重し合って（相互作用しながら）調和している状態です。

宇宙や自然界においては、ある一握りの存在だけが単独で成長、発展を遂げ続けることはなく、もしそのように突出した単独行動を続けるならば、その存在は全体的なシステム（秩序）から排除されてしまいます。

例えば、世間から注目を浴びて、一時的にものすごく人気を博した人が、ある時から急に人気が落ち始めてやがて名前も聞かなくなるということがよくあります。

もちろん、マスコミの取り上げ方自体に問題があるにしても、本人が自分の人気に乗じてつい〝天狗〟になり、周囲の存在を見下してしまった可能性も大きく考えられます。

「友達に裏切られた」と言う場合でも、もしかしたら友への感謝や尊重する心を忘れて無意識に傷つけてしまったという、自らの傲慢さが招いた結果かもしれませんし、もしくは一方的に友人だと思い込み、その人を一人の人間としてどうであるかと冷静に判断できなかった自分のミスかもしれません。

友に感謝し、友のためにやりがいを見つける、そのように友を大切にする姿勢は、宇宙の法則や進化の流れに合致します。

そこで必要になるのが「愛の力」ではないでしょうか。この「愛（の力）」について、王仁三郎聖師はこう言及しています。

「愛というものはほんとうに人を動かし、愛一つで世界をうでくりかえす（注・ひっくり返す）こともできるものである。

元来、宇宙万有は神の大愛によって造られたものであるから、ほんとうに神の大愛に徹したなれば、人のみならず畜類虫族はもちろん、山河草木にいたるまで喜び靡《なび》かないものはない。無限大の宇宙といえども自由になるものである。

自分がいうことを、どうしても他人が聞いてくれないというのは、愛がたりないのだ。ちょうど親がわが子を愛するごとき愛をもちさえすれば、いかなるものでもこれに服従しないものはないけれども、いまの人間は「愛々」というても表面《うわつら》の愛で、ほんとうの、わが子を心の底から愛する慈母のような愛ではない。ほんの表面《うわべ》の愛にすぎない愛じゃ。

全世界の人類のみならず万有を愛護される大神さまの大神業《おおみわざ》に奉仕させていただく者は、この心にならねばならぬ」（『出口王仁三郎著作集3』「愛の力」）

たしかに、私たちはともすると自分に対する愛と周囲に対する愛に無意識に差をつけている場合があります。これは潜在意識から変えていかなければならない、難しい問題かもしれません。

ですが、自他ともに分け隔てない愛情を育み、自分自身のことだけでなく、自分を支えてくれている存在にしっかりと目を向け、感謝と愛情を注ぐことができるようになれば、互いが自ずと宇宙の法則や進化の流れに乗り、共振共鳴できるはずです。そこにはきっとより大きな幸運が舞い込んでくることでしょう。

それではこの章の締めくくりとして、「幸せを育てる７つの言葉」を紹介しておきます。これを毎日読み返して、自分の中にある７つの黄金鏡に内なる神をしっかりと映し出すことができるようになってください。

幸せを育てる7つの言葉

①私は私の心と魂を開き、宇宙のパワーを受け取ります。

私はそれを私自身や周囲の人たちの役に立てるために使います。

②私の最大限の可能性を実現する機会を喜んで迎えます。

③私は私自身のすべてに責任があります。

私の健康、幸福、言動に対する責任があり、私はそのことを感謝と共に認めます。

④私は可能な限り最良の人生を送れるように私の意志と祈りと言葉を活用します。

⑤私はあらゆる形の成功と繁栄と幸福を受け取る心の用意ができています。

⑥私はあるがままの自分を受け入れ、怒り、恨み、失望、悲しみ、そして恐れを手放し、素晴らしい直感を受け取ります。希望と勇気と喜びを享受します。

⑦私の過去のトラウマやカルマが、私自身を傷つけないことを魂に納得させています。私はより完全で、より健康で、より本物で、より人びとに愛されていて、私の内からは慈しみの愛が溢れています。

第2章

”幸せ体質“を持つ黄金人の身体とは

現界における身体の役割とは

この章では、内なる神を映し出す7つの黄金鏡の中でも、とくに大事な第4の黄金鏡である「体」について詳しく述べてみたいと思います。

出口王仁三郎《でぐちおにさぶろう》聖師も『愛善健康法』（天声社）などで、食事や健康の大切さについて言及しているように、心身を病んでしまったらこの世における理想社会の建設、みろくの世の実現に寄与することもままならなくなります。

では、どうやったら健康な身体を手に入れられるか、最終的には幸せで満ち溢れた黄金人の体質となれるように、その具体的な方法をお話ししてみたいと思います。

そもそも私が身体について深く考えはじめたのは、19歳のときでした。

振り返ると、王仁三郎聖師がこの世から亡くなる3カ月前に、聖師の本名である「上田《うえだ》喜三郎《きさぶろう》」の訓読みの「喜美夫《きみお》」という名前をつけてくださったことを知ってから、私はずっと葛藤を抱え続けてきました。

とくに王仁三郎聖師が口述筆記した『霊界物語』（第13巻巻末「信天翁《あほうどり》」）を読んでからは、その悩みが一段と深いものになっていきました。

来る日も来る日も悩み続けていた私は、19歳のある日、吐血してしまったのです。病院で検査してもらうと〝十二指腸潰瘍〟ということでした。療養のために私の父の友人で、北海道の小樽にお住まいの大高登《おおたかのぼる》さんを訪ねていきました。

大高さんは大高酵素の創始者で、私はそこで「酵素断食」に1カ月近く取り組みました。すると胃の痛みも解消され、見事に元気な姿を取り戻したのです。

この身体を壊した経験は、私にとってひとつの大きな転機となりました。

王仁三郎聖師が「人間の身体は小宇宙であるから、森羅万象がみな体内にある」と言われていたことを思い出し、宇宙の真理を覚るためには、人体を知る必要があるのではないかと思うようになったのです。

私たちが身体を持ってこの世に存在しているということは、きっと何か意味があるに違いない。私はそれが何だろうかと考えるようになりました。

そんな折、『霊界物語』のある部分に目が止まりました。

「神は万物普遍の霊にして人は天地主体なり。霊体一致して茲《ここ》に無限無極の権威を発揮し、万世の基本を樹立す」（『霊界物語』第67巻第6章「浮島の怪猫」）

すでに1作目の著書『出口王仁三郎の遺言』でお伝えしていますが、王仁三郎聖師がこの世に顕現を望んだ真《まこと》の神とは、八百万《やおよろず》の神々ではなくスの神、つまり宇宙根源の神（COU＝センター・オブ・ユニバース）であって、決して人格神ではありません。

それは言わば「形のない存在」。ということは、神は目の前にあるお箸1本すら動かすことができないのです。

ですからこの三次元の世界においては、私たち人間がスの神の代わりに、お箸を持ちあげる御用を勤めなければなりません。そうでない限り、お箸は永遠に動くことはありませんし、みろくの世を築くことも夢のままで終わってしまいます。

何かをしようと思ったときに、意志だけではなく、実際に動ける（目に見える）身体があることで私たちの願いは実現可能となり得る。そう考えると、人間にとっての身体は霊的な意味においてもたいへん重要な役割を持っている、ということに気がついたのです。

そして、現世に生まれてきた私たちは、身体を持たないスの神に代わって、まさにこの三次元の世界を何とかするために身体を与えられたのだから、神の生宮《いきみや》である私たち人間は自分の身体に対してもっと意識高く、責任を持たなければならないのではないだろうか、と思うようになりました。

身体の本質はエネルギー

とはいえ若い頃の私と言えば、老舗旅館の跡継ぎとして仕事ばかりの毎日で自分の身体をいたわる余裕もありませんでした。しかし年を重ねるにつれ、妻をがんで亡くした経験や、皮膚がぼろぼろに落ちていく症状（といってもこれは霊障でした）、目がほとんど見えなくなる体験などをするうちに、人間の身体には一種の生体エネルギーと呼ぶべきものが存在していることを身をもって感じたのです。そしてこの「生体エネルギー」の捉え方こそ、現代西洋医学に足らない視点だとしだいに思うようになりました。

今は「2人に1人ががんになる」時代と言われていて、さまざまな要因により免疫力が低下している人が増えており、それだけ自分自身の身体をよく知ってケアしていくことがますます必要になってきています。

現代西洋医学は、悪いところを切ったり取ったり、ひとつの「部分」として見ています。つまり、病気になっているのは「悪い部分」であって、その悪い部分を排除すれば良いものだけになるという捉え方です。

これほど医学が進歩し、膨大な医療費を使っていても、糖尿病、脳卒中、心臓病、高血圧や肥満などの生活習慣病が増え続けているのには、もはや現代西洋医学的な考え方や対処法だけではなかなか乗り越えられない問題が潜んでいると考えざるを得ません。

かつて王仁三郎聖師はこう説きました。

「宇宙の本源は活動力にして、すなわち神なり。万物は活動力の発現にして、すなわち神の断片なり」（『霊界物語』第67巻第6章「浮島の怪猫」）

これはどういう意味かといいますと、「宇宙の本質は活動、すなわちエネルギーであって、八百万の神々や人間、その他すべてに至るまで、そのエネルギーのひとつの現われ方である」ということです。

これを小宇宙である身体に照らし合わせると、その本質は活動であり、臓器や心、細胞のミトコンドリアに至るまで、エネルギーのひとつの現われ方であるということ。言わば、私たち人間は単なる物質的存在ではなく、心と身体は密接に繋がっており、かつ目には見えないエネルギー的な存在でもある。仮に、どこか心身に不調があれば、それは心身の活動全体が鈍っている証拠なので、「エネルギー循環をよくするためにどうするかを考えよ」ということになります。

これは患部のみを診るのとは真逆にある考え方です。

患部は正常な部分とも互いに影響し合い、全体を作り上げている。そう思うと、人体をひとつの物や機械として分けて捉えることには限界があり、東洋医学の経絡や経穴、オーラ、チャクラといった微細な生体エネルギーについても加味しながら、本人の免疫力や治癒力を高める総合的な医学へと進化する必要に迫られているのではないだろうか――。

そこで私は、一人でも多くの方にこの生体エネルギーの存在について知っていただきたく、アプライド・キネシオロジー（応用キネシオロジー）を習得し、セミナーなどを通じてその普及に努めてきました。

アプライド・キネシオロジーは、１９６４年に行われたカイロプラクティックの会議においてジョージ・グッドハート博士によって発表されたもので、経絡やリンパ等に関係する身体のさまざまな状態を調べて調整する筋肉反射によるテスト技法です。

このアプライド・キネシオロジーから、バイデジタルO《オー》リングテストやタッチフォーヘルスなどが生まれ、現在、世界各地の医療従事者やセラピストたちによって広く応用されています。

タッチフォーヘルスでは、経絡の流れが正常か異常か、問題があるとすれば何が阻害しているかなどもわかり、改善された状態も確認することができます。

経絡とは「気」と呼ばれる生体エネルギーの通り道で、この流れは切れ目ないひとつの流れとなって身体の中を一定方向に流れています。

経絡の流れがスムーズな時には体調が整い、気分も爽快です。しかし、身体に何らかのストレスが生じた時には、リンパ、気、血液のエネルギーの流れが滞ります。その時に、水毒、気滞、汚血が身体の中に生じ、ひどい場合には痛みを伴う症状となって現われるのです。

さらに、経絡の滞りは関連している臓器に何らかの悪い影響を及ぼしてしまいます。

ですから、健康な身体を維持するためには、まずこの経絡の流れを阻害するあらゆるストレスをできるだけ取り除く必要があるのです。

身体に有害な電磁波とジオパシック・ストレス

心や身体に負荷をかけるストレスには、対人関係における心理的なものやショッキングな出来事による精神的なもののほか、薬物や農薬などの化学的ストレス、異物や放射線などの物理的ストレスなどがあり、こうしたストレスが及ぼす悪影響については徐々に知られるようになってきました。

しかし、私たちの体に壊滅的なダメージを与え続けている電磁波の害については、日本ではまだあまり話題になっていません。これは人体そのものが微弱な電磁波を放っていて、人工的な電磁波の影響を受けやすいという事実を、いまだ多くの一般の方が認識していないことと関係しているでしょう。

実は、私たちの身の周りにある電磁波（高圧電線、家電製品、パソコンや携帯電話など）も大きなストレスになっているのです。

海外では有害電磁波の研究が進んでいて、がん、脳腫瘍、白内障、網膜剥離《もうまくはくり》、小児白血病、流産、無精子症、アルツハイマー、心臓病、高血圧、動脈硬化、奇形、死産などとの関連性が指摘され、法的な規制を設けている国も少なくありません。

例えば、パソコンのディスプレイから出ている電磁波を浴び続けていると、流産、網膜剥離、障害児などの異常出産が懸念され、電子レンジのマイクロ波による白内障、テレビのブラウン管から出る電離放射線は壁を突き抜けて隣の部屋にいる人の体にも悪影響を及ぼすと言われています。

とくに、携帯電話やコードレス電話のＡＣアダプターは磁場が強く、使用時は体（心臓）から遠ざける必要があります。

さらに、「ジオパシック・ストレス」と呼ばれるものもあります。

これは、私の著書でも何度もお伝えしておりますので、ご存じの方も多いかと思いますが、１９２０年にドイツの特定の地域でがんの発症率が異常に高いことからその原因が調査され、発覚した人体に有害な磁場現象（地磁気障害）が見受けられました。この磁場現象をジオパシック・ストレスと呼んでいます。

地下水脈、断層の割れ目、鉱物や汚染物質、地球磁場の乱れなどによって自然の電磁場環境が崩され、地磁気障害（特定の周波数）の影響によって不眠や頭痛などの不調となって現われます。

ジオパシック・ストレスが人体に与える影響を医学的に検証したデータのひとつに、ウィーン大学のオットー・ベルクスマン博士がオーストリア経済省の支援を受けて行った医学・生物学・地質学などの専門家チームによる調査があります。

ジオパシック・ストレスのエリアに被験者９８５名を15分間だけ移動させ、移動前後の身体的な変化を16項目にわたり比較調査するというもので、その結果は、心拍数の変化、心臓収縮時における血液量の変化（心臓に対する負荷の増加）、筋肉電位の変化（肩こり、頭痛などの要因）、免疫グロブリンの反応（アレルギー性疾患の危険性）、カルシウムの上昇（高血圧の可能性）、血液中の亜鉛の増加（発育不良、免疫力低下）、セロトニンの極端な減少（脳内ホルモンへの影響）など14項目に深刻な変化が認められました。

この調査結果を受けて、オーストリア経済省は住宅建築のガイドラインへの導入を検討したそうです。また、ポーランドでは、建築物によっては建築前にジオパシック・ストレスの調査が義務付けられていると言います。

このように、普段気づかないところにやっかいなストレス因子が潜んでいることもあるので、原因が特定できない症状や不調で苦しんでいるなら、まずは電磁波の害やジオパシック・ストレスを疑ってみる必要があるかもしれません。

食べ物から受けるストレス

また、ストレスは私たちが毎日、口にする食べ物からも受けることがあります。

王仁三郎聖師は、食事の大切さや健康についても数多く言及していて、とくに肉食の弊害については次のように述べています。

「野菜を食えば仁の心が養われる。魚類を食えば智慧が湧く。ゆえに魚類も月に一度や二度は必ず食わねばならない。米と野菜と魚類とで、智、仁、勇となる。肉食をする者には仁の心は少ない。

肉というものは一度、草や野菜等を喰って、その栄養素が肉となったのであるから、あまり栄養もない。そして肉によって養われた細胞は弱い。日本人は米を食い、野菜を食うから、即ちまだ肉とならない栄養を摂るから、細胞が強い」（『玉鏡』「食物」）

「第一に肉食を廃し身魂をきよめて、神に接するの道を開くをもって、社会改良の第一義とせねばならぬのであります」（『霊界物語』第11巻第16章「大気津姫《おおげつひめ》の段（二）」）

私たちが日頃、口にしている動物性食品は、そのほとんどが調理して加工した言わば死んだ食品です。人間は野生動物のように、獲物をとらえてすぐに食べるわけではありませんから、どうしても新鮮さには欠けてしまいます。

中国の古い格言に「災いは口より出で、病は口より入る」とあるように、人間は口から入れる食べ物によって病気にもなり得ます。ですから、なるだけ生気に溢れた新鮮なものを食したほうがいいのです。そういった意味でも、肉食は避けたほうがいいでしょう。

また加えて、その肉は私たちの食卓に並ぶまでに、捕獲されて加工されるという過程をたどります。同じ生き物として考えてみると、そこまでに味わった恐怖や苦痛は、計り知れないものがあることが想像できます。その膨れ上がったストレスを持ったものを食べるということは、同じように私たちの身体にストレスという「気」が入り込むことになります。

現代ではさらに、科学が進歩したことによって増加している病気も多く見受けられます。そのひとつに糖尿病増加の原因となっている「ブドウ糖果糖液糖」の多量摂取があります。これについてプリンストン大学の研究チームが2つの実験を行い、次のような結果を残しました。

ひとつは、普通のエサを食べながら、①砂糖を加えた水を飲んだネズミ、②スクロース（甘味料の一種）を加えた水を飲んだネズミ、③ブドウ糖果糖液糖を加えた水を飲んだネズミの比較実験です。その結果、③のブドウ糖果糖液糖を加えた水を飲んでいたネズミが、他のネズミよりも体重が増加したことが確認されました。

もうひとつは、ブドウ糖果糖液糖を６カ月以上食べ続けたネズミの体重増加、体脂肪、トリグリセリドレベル（トリグリセリドは血清脂質の一種）を測る実験です。その結果、ブドウ糖果糖液糖をとっていたネズミには、人間のメタボリックシンドロームのような症状が見られました。体重の増加だけでなく、肥満の症状が出たことは大きな問題です。肥満になると高血圧や糖尿病、がんなどのリスクが高まるからです。

ブドウ糖果糖液糖が使われ始めた１９７０年代、アメリカ人の肥満の割合は15パーセントでしたが、今ではアメリカ人の約３分の１が肥満だと言われています。これらの実験結果は「ブドウ糖果糖液糖入りの飲食物を、たくさん摂り過ぎないように」と警笛を鳴らす結果となっています。

ブドウ糖果糖液糖は、清涼飲料水などに使用されているのですが、この原料であるトウモロコシを多くの食品会社が遺伝子組み換えトウモロコシで賄っているといいます。

スーパーやコンビニなどで、手軽に買うことができるので、ついつい摂取し過ぎてしまう傾向にありますので、皆さん、くれぐれも注意してください。

以上のことからも、現代社会ではすべての食品が私たちの健康を考えて提供されているというわけではないことを肝に銘じておいていただきたいと思います。

これからは、食事に対してもう少し意識的に摂取するように心がけましょう。食事は単に空腹を満たすためだけの行為ではなく、私たちの身体はもちろん、心をつくる役割も担っているということを忘れないようにしたいものです。

生体エネルギーの循環を良くする「チャクラ」

これまで述べたように、心身の健康を保つためには、見えないストレスも含めたできる限りのストレスを取り除くことと、生体エネルギーの循環を良くして全体のバランスを調整することが重要です。

この生体エネルギーを循環させるうえで、とても大切な役割を持つのが「チャクラ」です。

チャクラという言葉は、サンスクリット語の「輪」を意味しています。その形が車輪のような花のような形をしていることから、チャクラと呼ばれるようになりました。

チャクラは、外界からのエネルギーを体内へ取り入れ、身体に生命を吹き込み、対応する臓器へ供給しています。

また、体内エネルギーを外界のエネルギー環境へ放散する働きも持ち、体内と外界とのエネルギー交換の役割も果たしています。

物質的身体に関わるチャクラは、おもに７つあり、それは背骨の基底部から頭頂へ向かう脊髄に沿って並んでいます。

ではここで、第１チャクラからそれぞれの役割を見ていきましょう。


………………………………

第1チャクラ――ルートチャクラと呼ばれ、会陰部《えいんぶ》に位置します。ここには生きるための現実を動かしていくためのエネルギーがあります。「自分らしく生きる」ことを意識するのは、チャレンジ精神、バイタリティ、行動力、開拓する力、物事を生み出す力、前進する力を養うことに繋がります。第一チャクラのエネルギーは、「生きることの強さ」を教えてくれます。

第2チャクラ——セイクラルチャクラと呼ばれ、臍下《せいか》丹田に位置します。ここには、自分らしい充実した人生を生み出すためのエネルギーがあります。自分の本音や人生に対する信頼や意欲、創造性を養うことに繋がります。第2チャクラのエネルギーは、「深い部分から湧き出る無限の可能性」を教えてくれるのです。

第3チャクラ——ソーラープレクサスチャクラと呼ばれ、胃の部分にあります。「自分らしく」いるために大切なこと、それは自分で自分を認めることです。そこから自分の意思や意見が生まれ、自分で物事を決めた結果によって、自信や自尊心が生まれます。ここのエネルギーは、「個性的で魅力的な自分の素敵さ」を教えてくれます。

第4チャクラ——ハートチャクラと呼ばれ、その名のとおり心臓にあります。自分に気づき、自分らしさを取り戻すためのエネルギーがここにはあります。自分が「何をどう感じているか」を知ることは、今の自分に気づいていくことです。素直に自分の感情を認めることが、ありのままの自分を受容することや自分らしさを取り戻すことに繋がります。このエネルギーは、「自分に素直でいることの大切さ」を教え

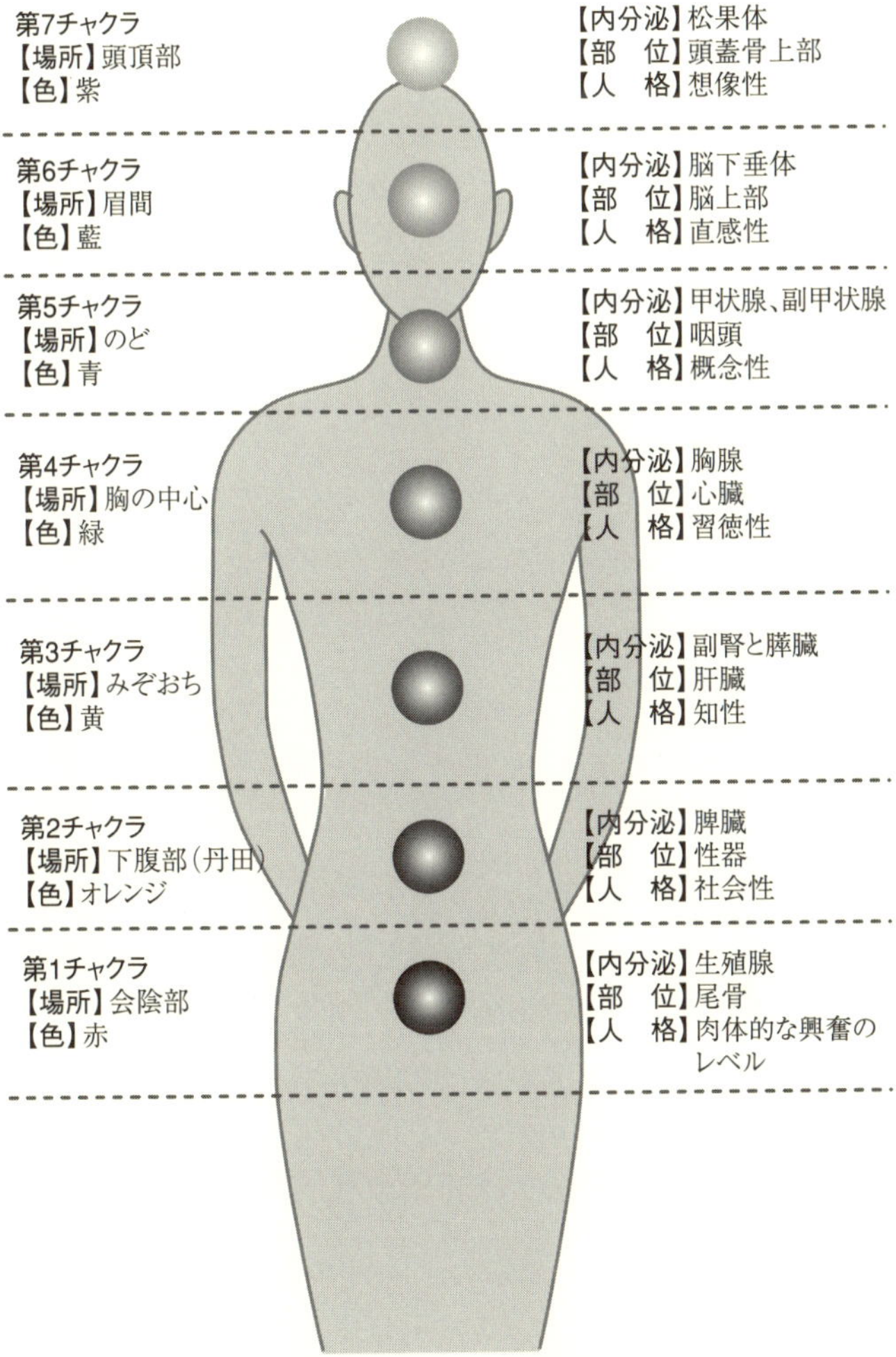
第7チャクラ
【場所】頭頂部
【色】紫
【内分泌】松果体
【部　位】頭蓋骨上部
【人　格】想像性
第6チャクラ
【場所】眉間
【色】藍
【内分泌】脳下垂体
【部　位】脳上部
【人　格】直感性
第5チャクラ
【場所】のど
【色】青
【内分泌】甲状腺、副甲状腺
【部　位】咽頭
【人　格】概念性
第4チャクラ
【場所】胸の中心
【色】緑
【内分泌】胸腺
【部　位】心臓
【人　格】習徳性
第3チャクラ
【場所】みぞおち
【色】黄
【内分泌】副腎と膵臓
【部　位】肝臓
【人　格】知性
第2チャクラ
【場所】下腹部（丹田）
【色】オレンジ
【内分泌】脾臓
【部　位】性器
【人　格】社会性
第1チャクラ
【場所】会陰部
【色】赤
【内分泌】生殖腺
【部　位】尾骨
【人　格】肉体的な興奮のレベル

チャクラはおもに７つ。それぞれに異なった役割を持つ。

てくれます。

第5チャクラ――スロートチャクラと呼ばれ、喉にあるチャクラです。自分を自分らしく表現するためのエネルギーがあります。人との関わり合いの中で「自分らしくいよう」とすると、人との視点の違いが明確になるため、時に勇気と責任が必要だったりします。ただ、他人との違いを認めるからこそ、個性の違うお互いを尊重し、自由なコミュニケーションが生まれるのです。第5チャクラのエネルギーは、「自分の心の強さと広がり」を教えてくれます。

第6チャクラ――ブラウチャクラと呼ばれ、眉間に位置します。インスピレーションをキャッチするためのエネルギーがあります。「自分らしい望む人生に向かいたい」と意識することで、その方向に導いてくれる感覚が鋭くなります。直感に気づき行動することで、人生が動いたことに喜びを感じると、人生に対する信頼感が増します。ここのエネルギーは、「自分が持つ感覚の力強さ」を教えてくれます。

第7チャクラ――クラウンチャクラと呼ばれ、頭頂部にあります。ここには大きな視点を持つためのエネルギーが存在しています。自分という存在が他の存在と繋がっているからこそ、「自分らしく」いられるし調和がつくられているというその一体感を感じはじめます。第7チャクラのエネルギーは「すべての存在との深い繋がり」を教えてくれるのです。

……………

この7つのチャクラは、状態が良ければ心身ともに健康で宇宙の法則と共鳴しやすく、反対に乱れていれば、身体にも精神にも異常をきたしやすくなります。

全身のオーラを調整する「三丹田」

前述した7つのチャクラのうち、とくに第1章で述べた頭（眉間）・心・魂にあるチャクラはとても重要なポイントです。

頭（眉間）にあるチャクラはブラウチャクラ（第6）、心はハートチャクラ（第4）、魂はセイクラルチャクラ（第2）と呼ばれていて、それぞれにエネルギーセンターと繋がっています。

またこの3つのポイントは、東洋医学では「三丹田《さんたんでん》」と呼ばれており、生命エネルギー（気）の出入り口で、全身のオーラを調整する役割を担っています（チャクラと丹田は同じところに位置しますが、同じものではありません。お互いに関係し、それぞれが連動して機能していますが、違った波動域に存在しています）。

三丹田の役割はそれぞれ次のようになります。

上丹田は額の中心に位置し、松果体（第三の眼・ブラウチャクラ）があるポイントで、智恵に関係が深く、ここの気（エネルギー）が充実し、バランス良く活性化していると直感が磨かれて宇宙の叡智と繋がりやすくなります。

中丹田は胸の中心に位置し、ハートチャクラがあるポイントで、感覚、感情と関係が深く、ここの気（エネルギー）が充実し、バランス良く活性化しているとありのままの自分を受容しやすくなります。

下丹田は下腹の中心（臍下《せいか》）に位置し、セイクラルチャクラがあるポイントで、創造性と関係が深く、ここの気（エネルギー）が充実し、バランス良く活性化していると自分の本質である魂と繋がりやすくなります。

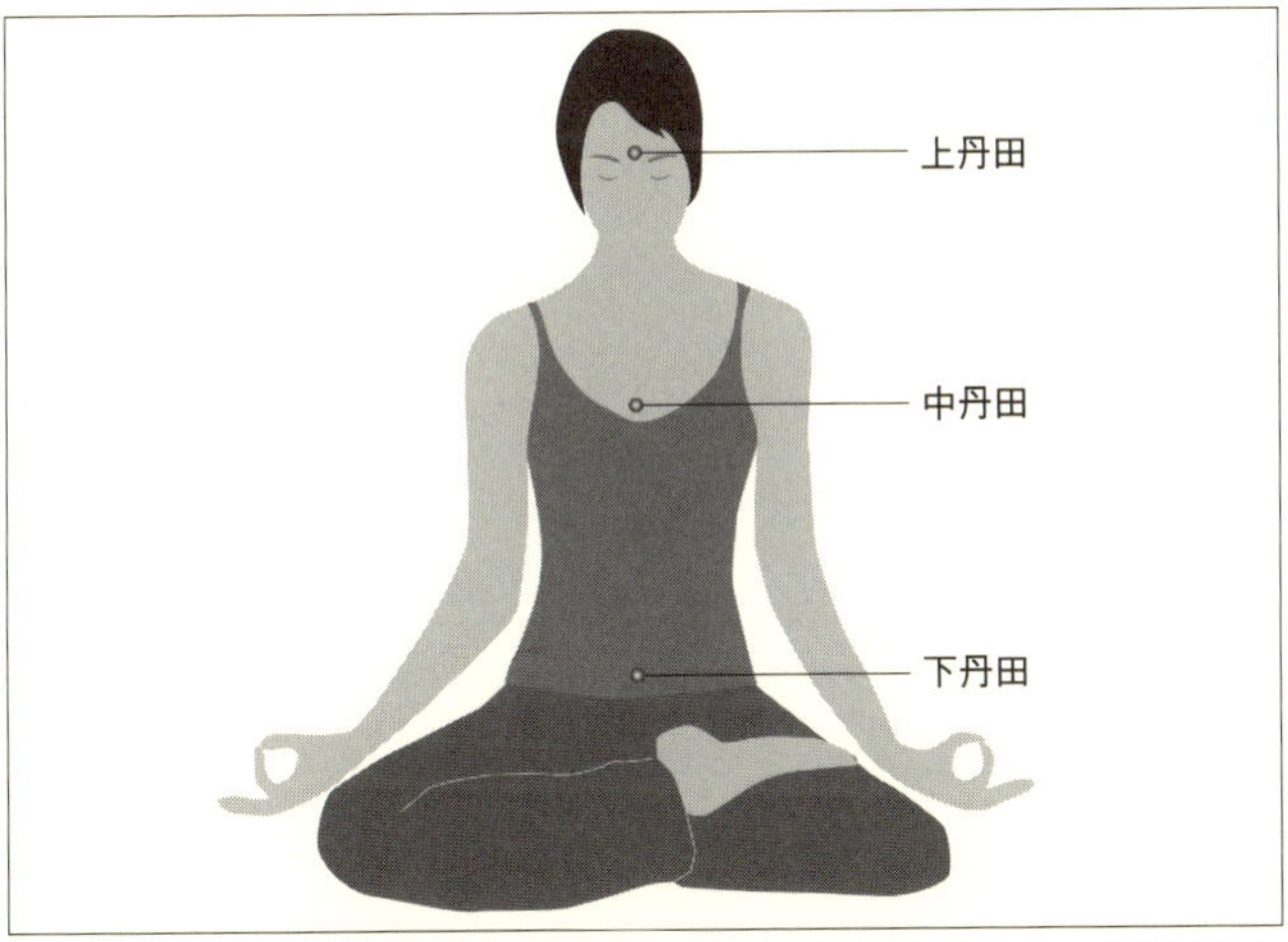

頭（眉間）・心・魂と呼応している三丹田は、エネルギーセンターと繋がるとても重要なポイント。

このように、とくに頭、心、魂の座である上丹田、中丹田、下丹田が充実し、バランス良く機能している状態は、宇宙と共鳴し合いやすく、したがって、幸せを呼び込む体質づくりに繋がっていきます。

ではここで、その三丹田に位置するチャクラを活性化する方法をお伝えします。

先ほども触れましたが、上丹田はブラウチャクラ（第6）、中丹田はハートチャクラ（第4）、下丹田はセイクラルチャクラ（第2）に対応しています。ですから、これらのチャクラを活性化させることで連動して三丹田も活性化されるようになります。このそれぞれのチャクラを活性化する方法としては、各々の周波数に共鳴する色や音などを用いたり、調整・活性化させる体操や運動がお勧めです。

ブラウチャクラと対応する周波数は、藍色、「ラ」の音で、瞑想や坐禅によって意識を鎮静化させることで調整しやすくなります。

ハートチャクラと対応する周波数は、緑色、「ファ」の音で、胸を開いて背伸びをしながら大きくゆっくりと深呼吸をすることで調整しやすくなります。

セイクラルチャクラは、オレンジ色、「レ」の音で、腰を使うダンスや重心を据える武術などを実践することによって調整しやすくなります。

こういった方法で毎日、自分の身体の声に耳を傾け、宇宙と共鳴するための磁場を整えていきましょう。

宇宙と共鳴しやすい〝幸せ体質〟になる秘訣とは？

これからの時代は、肉体面だけでなく、いま述べたようなチャクラやオーラといったエネルギーレベルでの健康も視野に入れながら心身の状態を良好に保つことが大切です。実はこの視点を持つことが宇宙と共鳴しやすい〝幸せ体質〟を持つ黄金人の身体をつくる秘訣になります。

そして、このように心身ともにバランスのとれた状態が、王仁三郎聖師の言う「霊主体従《れいしゅたいじゅう》」であると思います。

「霊主体従とは、人間の内分が神（著者注・ＣＯＵ）に向かって開け、ただ神を愛し、神を理解し、善徳を積み、真の智慧を輝かし、信の真徳にをり、外的の事物にすこしも拘泥せざる状態をいうのである」（『霊界物語』第52巻第17章「飴屋」）

しかし、私たちが現世で生きている限りは、物質的（肉体的）欲求にも応えなければなりません。その時にどちらか一方に偏らず「霊五分体五分」のバランスを保つためには、「神に向かってチャクラも含めた心身すべてを開き、ＣＯＵと繋がり、内なる神性に目覚め、外側で起こるすべての事物に少しも惑わされない状態」にあるよう、日頃から意識しておく必要があります。

そうすることで最終的には、同じ五分五分でも霊が主で体が従、すなわち自分自身の真の意志の力、精神性が主となり体欲や我欲は従となって、「天国に向かって内分が開け」ていくようになるのではないでしょうか。

そのためにもチャクラや三丹田をうまく自分で調整して、心身に生体エネルギーを取り込むことは重要なのです。そのうえで、私たち一人ひとりがより健康的に生き、宇宙の根源とも繋がりやすくなるとき、神の生宮《いきみや》としての役割をきちんと果たすことができるようになると思います。

第3章

宇宙の根源からもたらされた「生態系の立直し」

私の身体に起こった型示し

私がなぜ「7つの黄金鏡」のうち、とくに身体（健康）について詳しく取り上げようと思ったのか、それには理由があります。

実は昨年（2012年）、私は前立腺がんのような症状を患いました。とは言うものの、その症状はあっという間に自然療法によってわずか3カ月で消えてしまったのです。治癒に至るヒントは「祈り」によってもたらされ、まさに「神仕組み」としか思えないような奇跡的な出来事に発展していったことから、この体験をぜひ読者のみなさんにお伝えしたいと思いました。

前著『出口王仁三郎の大復活』を刊行する3カ月前、ちょうどユダヤの龍を言向《ことむ》けて日本の龍と協調させた頃でしょうか。私の身体には〝異変〟が起こっていました。

いま考えると、その徴候は2011年の冬頃からあり、私は頻尿に襲われ、毎晩毎晩、何度も何度もトイレに駆け込む日が続いていたのです。

初めのうちこそ「何かおかしいな？」とは思っていましたが、これといった痛みもなかったので、とくに深刻には考えず、忙しさにかまけてそのまいつもの生活を送っていました。

それから2～3カ月ほど経った頃、足のくるぶしから膝にかけて鈍痛のようなものが襲ってくるようになりました。私は以前に患っていた痛風の症状だと思い、当時の担当医がいる病院で診察を受けることにしました。

私自身、オーバーワークのせいで疲れているだけだろうと高をくくっていて、担当医の先生も以前の痛風の痛みだろうとおっしゃたこともあり、その日から処方された痛風の薬を飲んでいました。

ところが痛みは一向に治まらず、しだいに下腹部がぷっくりと張り出しては、押すと激痛を伴うようになってきたのです。

担当医の勧めもあり、２０１２年6月に前立腺がん早期発見のためのＰＳＡ検査を受けることにしました。ＰＳＡとは、ご存じの方も多いかと思いますが、健常男性の前立腺から分泌される物質で、精子の保護膜成分のたんぱく質を分解して開放する役目があり、通常のPSAは血液中に流れることはないのですが、前立腺の疾病によって浸出して検査に反応するようになります。

　このPSA値が高ければ高いほど、前立腺がんの確率も高くなるらしく、年齢にもよるそうですが、約4・0ng/mL以上からがんの疑いが強くなるといいます。

　検査の結果、私は8・99ng/mLという少し高い数値が出てしまいました（痛風の尿酸値は正常の範囲内）。担当医の先生はそれを見るなり、「前立腺がんの可能性があるので、大学病院を紹介しますから、なるべく早めにそちらで詳しい検査を受けてみてください」と勧められました。

　しかし、私はその瞬間「これは治る！」と直感し、大学病院には行かないことを決めました。

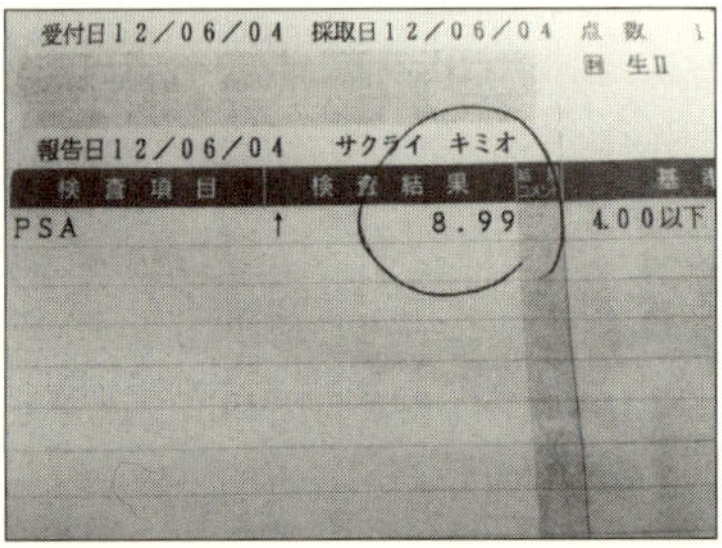

2012年6月に行ったPSA検査。PSA値が8.99となっている。

　奇しくも2012年はマヤ暦の終焉と共に、アセンションの年だとも言われていて、そんな時期に大病を患うということは、私に与えられたひとつの「型示し《かたしめ》」に違いない、そう思ったからです。

人生における7つのメッセージとは

みなさんは、人生にはいくつかのメッセージ（お知らせ）があることをご存じでしょうか？私たちが過ごしている日常の中に、常に与えられているものです。それは要約すると次の7つです。

①家庭不和・職場不和
②病気・手術
③もめ事・争い事
④厄介事・困難
⑤貧乏（倒産）・解雇

⑥怪我・事故
⑦束縛・窮屈《きゅうくつ》

そして、こういったメッセージが積み重なり、大きな出来事となったときに初めて、私たちはそのメッセージが与えられた意味に気づくのです。

それを体系的に表わしたのが「ハインリッヒの330の法則」です。これはもともと労働災害における経験則で、ひとつの頂点に至る重大な出来事の背景には29の軽微な出来事があり、その背景には300の異常が存在するというものです。

この法則は、まだ国鉄だった時代の現在のJRグループにも影響を与えており、当時「330の運動」と称して実際に用いられていました（現在は非公表のため、実行されているかどうかは不明です）。

また平成11年（1999）からは、航空輸送技術研究センター管理運営の航空安全情報ネットワーク（ASI‐NET）のように、航空会社のインシデント（事故になる寸前の予兆）を収集・分析して航空機の未然事故防止のために役立てているところもあります。

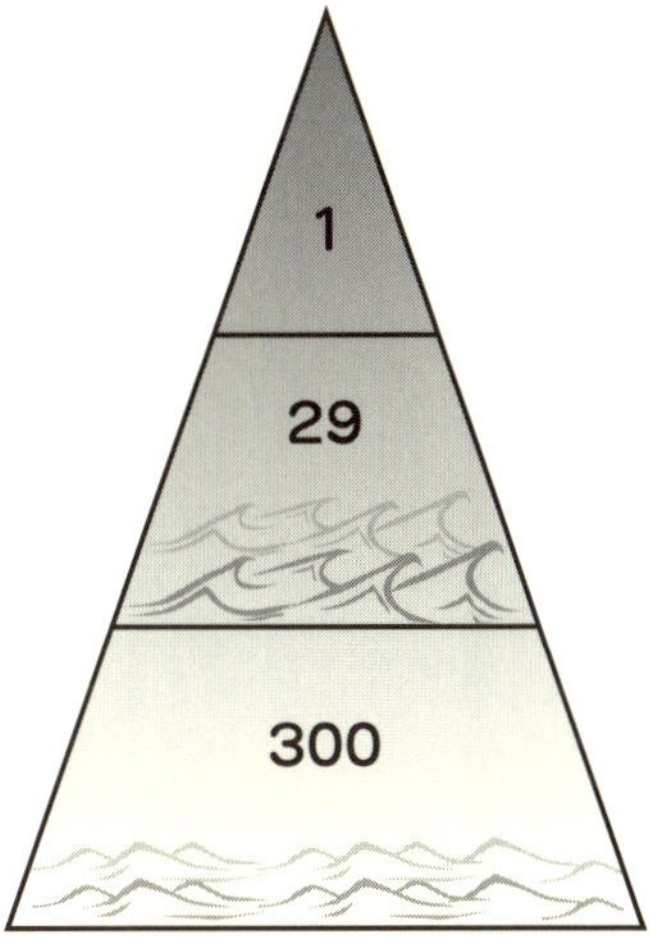

ハインリッヒの３３０の法則

私たちの日常には、小さな喜びの波、または苦しみの波が３００回、小さなお知らせとして押し寄せてきます。その後には、３００回の時よりも少し大きくなった中波が、良い知らせ・悪い知らせとなって29回押し寄せてきます。

そしてピラミッドの頂点に立つ最後の１回は、大吉祥の結果であり、または最大級の苦しみや困難・大事故・死に至る最終結果でもある、というのが「ハインリッヒの３３０の法則」です。

この法則でいちばんポイントになるのは、良い知らせと悪い知らせ、大吉祥と最大級の苦しみが表裏一体となって存在しているところです。これは裏を返せば、自分自身の思考ひとつで、結果はプラスにもマイナスにも変化することができる、ということ。ゆえに、プラス思考はピンチをチャンスに変えることが可能になるのです。

王仁三郎聖師は楽天主義を「天地惟神《てんちかんながら》の大道」として、とても大切にされていました。

「天地《あめつち》の神の大道《おほぢ》にしたがへば一さい万事楽しみとなる
人の世は日々の務めを怠らずたのしく暮せ神のます世ぞ
ありがたし辱《かたじけな》しと朝夕に思ひくらせば曲事《まがごと》なし
今といふいま善き心よき言葉よき行ひをはげむこそ善き
言霊《ことたま》の幸ふ国に生まれ来て悔みなげくは醜《しこ》の逆道《さかみち》
くよくよと物事くやむ暇あれば大小となく行ひ見よ
今日もよし明日もまたよし何事も神の心にまかす身なれば」（『大本の道』）

そして第1章でも少し触れましたが、聖師は病気に関してこう捉えていました。

「病気が多くて、病体というものはめったにはないのである。病体になってきたならば少々やっかいで、これは大いに養生せんとなかなかなおらんが、たいていはみんな気で病んでいるのである」（『三鏡』「病気と病体」）

私は病気になったときに、直感で「絶対に治る！」と思ったのですが、それと同時に「病気になった」ことは、必ずこれからの自分にとってプラスに作用するはずだと感じました。これを「なんでこうなったのか」と何かのせいにして恨んでみたり、後悔しても意味がありません。その時点で病気が進行し、病体になってしまうだけです。

日常に起こるどんなささいなことでも、メッセージは与えられていますので、きちんと耳を傾けるようにしましょう。それがたとえ悪い知らせであったとしても、取り越し苦労もせず、過ぎこしの苦労も思わずに、ポジティブな思考で今を一生懸命生きるように努めることが大事なのです。

祈りによって病の原因を知る

人生のメッセージとして与えられた症状を取り除くために、私がいちばん最初にしたことは、この病気を患った原因を探るために、またその症状を改善するために「祈る」ということでした（祈りについては第4章で詳述します）。

心を落ち着かせ、深く息を整え、瞑想をして宇宙の根源（ＣＯＵ）にアクセスしたところ、しばらくして〝土〟のイメージが降りてきたのです。

土……。これはいったい何を意味しているのだろうか？

ふと王仁三郎聖師が生前、言われていた言葉を思い出しました。

「お土はそれ自体が薬になるから、病気の時にはお土を溶かして飲むとよく利く。また お腹の空いた時には土を食べてもよろしい」（『水鏡』「泥は薬」）

さらに、原爆が広島に投下された際、「神の造った大地は死なない」と側近に言われ、現地まで土を調べに行かせたこともありました。

もしかしたら、時として薬にもなるその大地（土）が息絶えようとしているのではないか？　私は直感的にそう思いました。

そもそも地球上に土が誕生したのは、生命が発生した頃とほぼ同じで、今から30億年ぐらい前と考えられています。最初は巨大な塊だった岩石が、太陽エネルギーや寒暖の差、また風や雨の作用を受けてしだいに小さく砕かれ「がれき」となり、やがて粗い砂からさらに細かく分割されて、微細な粒子の細砂《さいさ》になりました。そしてついにはシルト（砂より小さくて粘土より粗い、岩石が壊れてできた破片や粒子のこと）を経て、直系が2～3ミクロンという小さな小さな粘土になったのです。

また、「砂」は自然界の帯電という現象があって初めて「土」に変わることができます。つまり、砂の一粒一粒が電気（マイナス電子）を帯びることによって初めて「土」に変化し、さまざまな機能を発揮しはじめるのです。

マイナスイオンを帯びた土が、プラスイオンを帯びた物質を引きつけ、吸収して保持する性質を持っているおかげで野菜が育ち、私たちの身体に栄養を運ぶことができるのです。

このようにあらゆる自然の恩恵により、土は土として30億年も存在して、私たちの生命を育んでくれています。

しかし、さまざまな事実を調べていくと、ここ何十年かの度重なる化学肥料や農薬の使用により、土の中にいるはずの微生物、バクテリアやミミズが激減していることがわかりました。最近ではＰＭ２・５の問題もあり、さらに進行している可能性もあります。

この生態系の崩壊は、きっと私たち人間の身体にも影響を与えているに違いありません。そのうえ、化学肥料や農薬の土壌汚染は、「ミネラル」という栄養素の欠乏に直結するということもわかってきました。

私はこのあたりに自分の病の元があるような気がしていました。すると、聖書に書いてある「悔いあらためなさい」が「食いあらためなさい」というインスピレーションとして私のもとに入ってきたのです。

人間の存在に欠かせない「ミネラル」とは

ここで少し、ミネラルについて説明します。

ミネラルとは、地球上に存在する１１８種類の元素のうち、水素（Ｈ）、炭素（Ｃ）、窒素（Ｎ）、酸素（Ｏ）のように、たんぱく質・脂肪・炭水化物の主要構成成分になっているものを除いた114種類の元素のことで、これらは生体組織の構成や生理機能の維持・調節に必要な微量栄養素です。

その中でも私たちの体が必要としている必須ミネラルには、カルシウム、カリウム、ナトリウム、マグネシウム、リン、塩素、硫黄の主要ミネラルと、鉄、銅、亜鉛、フッ素、ケイ素、バナジウム、クロム、マンガン、コバルト、ニッケル、ヒ素、セレン、モリブデン、スズ、ヨウ素、カドミウムの微量ミネラルがあります。

ミネラルは、私たち人間の身体の中で作ることができず、外から摂取しなければなりません。とりわけ血液を酸性に偏らせないためには、カルシウムの摂取が前提となります。

ところが、日本人は体質的に牛乳や乳製品の消化吸収能力が弱いうえ、日本の地形には山がたくさんあり、なおかつ降雨量も多いために土壌中のミネラルが簡単に洗い流されてしまい、さらに加えて、環境汚染による土壌の酸性化が進み、収穫される野菜に含まれるカルシウム（微量ミネラル）量も著しく低下しています。

また、現代農業は収穫量を増やすことだけにこだわり、窒素・リン酸・カリウムの三大要素だけを重視した肥料を使い続けてきたため、土壌はミネラル不足となり、作物の味も

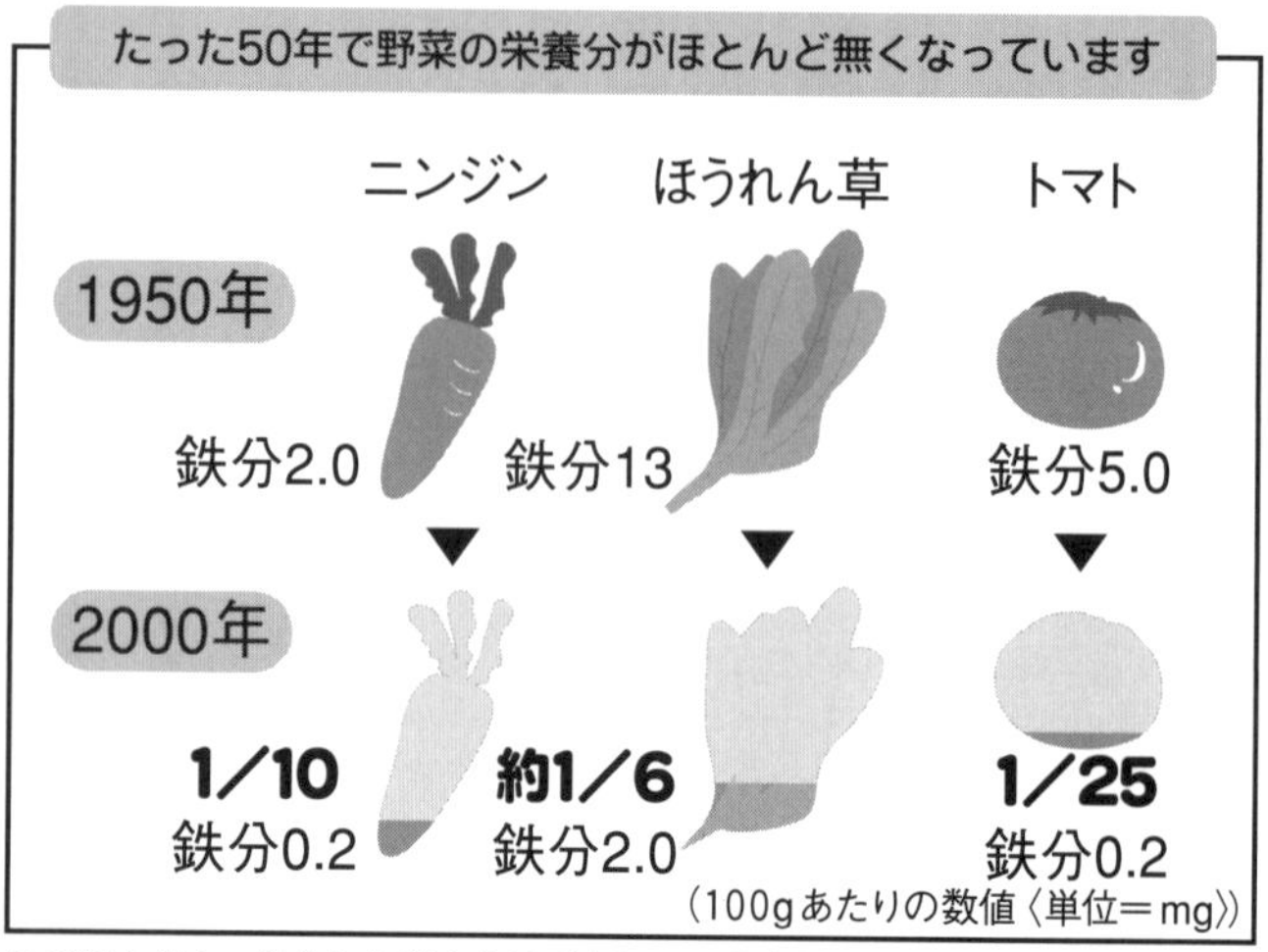

このほかにも、ほうれん草からはビタミンC含有量が100gあたり150mgから35mgに減少している結果も出ている。（文部科学省　科学技術・学術審議会・資源調査分科会編『日本食品標準成分表』より）

落ちているという現状です。

本来、微量ミネラルは農作物などを摂取することで補充できるのですが、前述の理由によって農作物に含まれているミネラルそのものがほとんどなく、約50年前にはふんだんに含まれていたミネラル分がこの半世紀で20分の1まで減っていることが、文部科学省の調査で明らかになっています。

ですから、いくら野菜を多く摂っていたとしても、現在の日本人の多くがミネラル不足の状態にあると言えるのです。

また、最近の科学者や医師などによる研究によって、ミネラルの重要性が明らかになってきています。それによると、ミネラルはビタミン、必須脂肪酸、また他の栄養素、キサントンやポリフェノールなどの抗酸化成分を吸収し、働かせる機能をコントロールするそうです。

つまり、微量ミネラルが不足していると、ビタミンやその他の栄養素、抗酸化成分を取り入れても、それらの有用成分が体内で十分に働かず、すぐに体の外に排出されてしまうのです。

しかし、ミネラルは不思議なもので、多く摂取しても少なく摂取しても、健康の保持や増進には好ましくありません。まさしくバランス＝中庸が必要なものです。

この伊都能売《いづのめ》の時代に入り、私には光と影、陰と陽、二極のいずれかに偏りが見られ、伊都能売の魂ではなくなりかけていた……。そのことを「ミネラル不足」という形で気づかせてもらったのだと思いました。それと同時に私にはまだやり残した仕事がある、と言われたようにも感じました。

もし「ミネラル不足」が原因で病になっているとしたら、これが克服できれば微生物をはじめとした地球の生態系を立直すこともできる――。

ほんとうに命をかけた型示し。福島原発事故後、汚染ガレキの処理や焼却ゴミの問題など、放射能の影響が叫ばれ続ける今、なぜこういう状況が与えられたのか。もし、私に「トドメ」の神業を託されたお役目があるならば、きっとこの病を克服できるに違いないと確信しました。

ようやく探し当てた「原初の水」

このように「ミネラル不足」が明らかになったことで、私はそれを改善することに務めました。どうやって体内にミネラルを取り込むのがいちばんいい方法なのか、いろいろと調べていくうちに多くのミネラル補助食品の存在を知りました。

しかし、問題なのはそのミネラル分がどれだけ体内に吸収されるかです。そこで重要になってくるのが、鉱物由来（金属性）のものか、植物由来のものかという点です。

鉱物由来のミネラルは、岩石から薬品を使って抽出された鉱物由来（金属性）のものが多く、それだと粒子が大きいため体内への吸収率は12パーセント以下に抑えられます。

残念なことに、世の中に出回っているミネラル補助食品の多くがこれに該当するようで、最近では金属ミネラルの粒子をより小さくし、「キレート化」したミネラルもあるようですが、それでも吸収率はおよそ40パーセントに過ぎません。

一方で植物ミネラルは、体内吸収率が実に98パーセントもあります。なぜそれほど吸収率がいいかと言うと、粒子が赤血球の7000分の1というミクロサイズであることと、マイナスイオンを帯びているという性質があるからです。

こうした植物性ミネラルは、ヒューミックシェールと呼ばれる6000万年から1億2700万年前の恐竜が生きていた時代の地層から取り出されます。このヒューミックシェールは、古代の植物が石油にも石炭にもならず植物有機化したもので、鉱脈から搾り出された後、湧き水でろ過されて水中に溶けていきます。

アメリカ・ユタ州にあるロックランド鉱山の植物ミネラルは、世界最高品質としてアメリカ合衆国大統領宣誓証言で認められているほど有名ですが、日本各地でも良質の植物ミネラルが採取されています。

このような良質の植物ミネラルは、まさに地球・大地の恵みであり、私たちの生命を活性化してくれるもので、今後ますますその価値が重要視されることでしょう。

そこで私は、この天然の植物ミネラルに注目し、これを摂取すべく全国各地の水について調査しました。その際にひとつの基準としたのが、地層に「ラジウム鉱石」が含まれているかどうかです。

かつて王仁三郎聖師が「ラジウムは、霊にみちている霊薬で、霊国（著者注・天国）から地上にくだされるものである」（『愛善健康法』「ラジウム療法」）と言われていた箇所を読んでから、私はラジウム鉱石に関わるようになりました。

実はこの「ラジウム」には、人間の自然治癒力を高める成分「ラドン」が含有されています。ラドンは自然放射線の一種で、ラジウムの壊変（状態を変化させること）により生成されるので、ラジウム鉱石が地層にある地下水はラドンを含んだ温水となり、このラドンをある一定量以上含む温泉を法律では「放射能泉」（一般的には「ラジウム温泉」）としています。

そしてこのラジウム温泉には、私たち人間に本来備わっている自然治癒力を刺激・活性化する効果（ホルミシス効果）があると言われているのです。

昔の人はこういった効能をすでに知っていたようで、ラジウム鉱石を健康のために使っていたり、ある神社ではご神体として今でも祀っているところがあるほどです。

また、戦国武将の一人である武田信玄が〝隠し湯〟として利用していた温泉は、ラドン量が世界一だと言います。傷が早く治る、つまり自然治癒力が増すから、信玄もしっかりお湯に浸かっていたというわけです。

このような理由から、地層にラジウム鉱石があることを基準にさまざまな水を調べた結果、最終的にたどり着いたのが、京都府と滋賀県の県境にある岩間山の地下50メートルに採掘された洞窟から取れる原初の水（「いわまの甜水《てんすい》」）でした。

この水は私の探していたラジウム鉱石はもちろん、72種類もの元素を含む花崗岩《かこうがん》層をくぐり無菌で湧出している天然水です。また、採水すると気泡が出るのですが、気泡というのは高低差による圧力があることを示しており、地球深くから水が湧き出ている証拠でもあります。

さらに、「エレクトフォトニクス」科学における権威、コンスタンティン・コロトコフ博士がこの採掘所を訪れ、「地下深くから湧き出てくる水は非常に純粋。生命に必要なあらゆるミネラルが含まれ、そういう水はいわゆる調和を含んでいる」と言及しているほどです。

初めてこの水を口にしたとき、その〝甘さ〟に驚きました。なぜだろうかと不思議に思って調べてみると、その甘さにもちゃんとした理由があったのです。

この水が取れる滋賀県の石山一帯は、水晶の石が多いことで知られているのですが、水晶が出てくるところには、必ず良質のラジウム鉱石が取れるのです。理由ははっきりとはわかっていませんが、水晶の成分である「石《せき》英《えい》」が固まるときに、マグマの放射線が石英を結晶化させるのではないか、と私は考えています。

いずれにしろ、この水晶の成分にはケイ素というミネラルが含まれています。これは人体のさまざまな臓器に含まれている必須ミネ

岩間山の地下を訪れたコンスタンティン・コロトコフ博士。
(「LOVE & THANKS」2010 年 4 月号より)

ラルであり、このケイ素が水に甘味を与えている物の正体だったのです。

ようやく探し当てたこの水に加えて、私は病状を改善するために、インターフェロンを誘発するミネラルの一種である有機ゲルマニウムを合わせてとるようにしました。

するとみるみるうちに下腹部もへこみ、足の痛みも取れ、わずか3カ月で前立腺がんのような症状が消えてしまったのです。

免疫力を高める有機ゲルマニウムの働き

健康に関心をお持ちの方なら、「有機ゲルマニウム」を一度や二度は耳にしたことがあるかもしれません。私が今回の病気に罹り、なぜ有機ゲルマニウムをとるようにしたか。それには2つの理由があります。

ひとつは、私の知人で肝臓を壊し、どこの病院へ行っても何の処方せんを渡されてもまったく治らなかったのが、有機ゲルマニウムをとることで治癒したという話を聞いていたことと、もうひとつは先ほども少し触れましたが、インターフェロンを誘発するミネラルの一種だということを知っていたからです。

ここで少しゲルマニウムについて説明してみたいと思います。

ゲルマニウムには有機と無機のものがあり、サルノコシカケや朝鮮人参、ニンニクといった植物に微量に含まれるのは、有機ゲルマニウムのほうです。この有機ゲルマニウムには、体内の酸素量を増やして血液をきれいにする作用があります。それだけでなく、がん細胞の電位を下げる働きもあると言われています。

野口英世博士が「万病は酸素欠乏により生じる」という言葉を残しているように、がん細胞が発生する理由のひとつとして、酸素欠乏が考えられています。

酸素が欠乏すると生体内の細胞は嫌気的生活（酸素のない状態でのみ生じる）に転じ、血液が酸性化します。血液が酸性化すると血液中に水素陽イオン（プロトン）が多くなり、水素イオンは酸素と結合するので体内に酸素欠乏が起こるのです。

体内に取り込まれる酸素の量が30パーセントを切ると酸欠状態となり、細胞の働きが低下し、不調に繋がります。とくに脳は人体の酸素消費量の20パーセントを占めています。ですから、わずか3分間でも酸素配給を止めると脳細胞は死んでしまい、しかも再生不能となってしまうのです。

有機ゲルマニウムは、このような酸欠状態を防ぐことができます。その理由はこうです。

有機ゲルマニウムには全部で32個の電子があり、いちばん外側の軌道に4個の電子が不規則に浮遊しています。これに32℃以上の光や熱が加わると活発に反応し、4個の電子のうち1個のマイナス電子が軌道の外に飛び出してしまいます。

この飛び出したマイナス電子が、がんなどの異常細胞から電子を奪って電位を下げ（異常電位を正常にして）、脱水素反応を起こすことによって酸素欠乏を防ぎ、異常細胞の活動を停止させる働きがあるのではないかと考えられているからです。

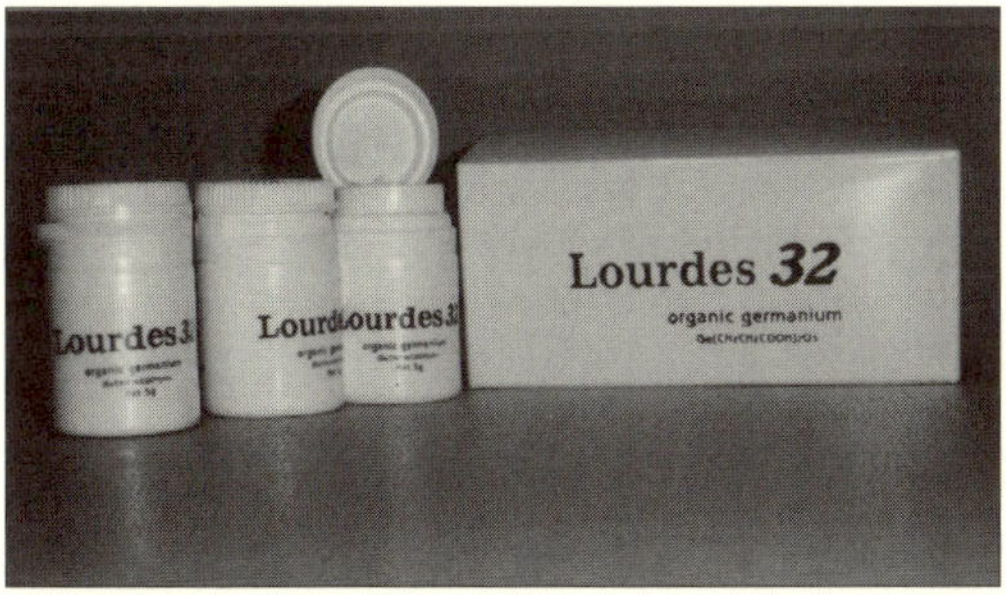

著者が摂取した有機ゲルマニウム「ルルド32（特許第1299858号）」。

また、有機ゲルマニウムは身体が酸性に傾くことを防ぐ働きも持っています（体内の酸素欠乏と身体が酸性化することはまったく違いますので、ご注意ください）。

体が酸性に傾くと、つまり血液や組織が酸性に傾くと白血球そのものが機能低下を起こして細胞の活動が衰えたり、血液が汚れて免疫力が低下するから不調に繋がっていきます。

体内（細胞）が酸性化する状態を作り出す原因は水素イオンにあります。ちなみに、人の体液はｐＨ（水素イオン指数）が７・35～７・45なので弱アルカリ性で、この状態で細胞内の酵素反応が良好に働き、細胞の活動がバランスよく正常に維持できると考えられています。

しかし、肉などの酸性食品を分解したものを細胞が利用する際に、この酸性の源である水素イオンが大量に発生してしまいます。そんなとき、有機ゲルマニウムの成分が体内にあると、このプラスの電気を帯びた水素イオンを自らが酸素の代役となって引きつけ結合し、老廃物として体外に排出してくれます。

その結果、水素イオンが除去され、酸素は不足することなく血液がきれいになって体調が回復していくというわけです。

加えて、有機ゲルマニウムには赤血球と同じように酸素を捕まえては、全身の細胞に運び込むという性質もあります。

さらにもうひとつ、有機ゲルマニウムの大きな特徴として、インターフェロンというサイトカイン（生理活性物質）を増やし、免疫力（病気から身体を守る力）を強める働きがあります。

免疫力の担い手は免疫細胞である白血球ですが、いつも活発に体内を見回ってくれているわけではありません。３種類（顆粒球《かりゅうきゅう》、リンパ球、単球）ある白血球のほとんどは、ふだんは休眠状態にあります。そこで体内に有害な異物が発生したときに一気に増え、白血球をフル稼働させる役割を担うのが、インターフェロンです。

実際に東北大学で、ネズミに有機ゲルマニウムを与える実験を行い、通常40単位未満の血液中のインターフェロンが、24時間後に約３００単位、つまり8倍ほど増えたという実験結果を残しています。

その後に、健康な成人十数名にも、有機ゲルマニウムをとってもらう実験を行いました。すると、血液中のインターフェロンが30時間後に、通常の8倍程度に増えた人が多かったということです。

それに関連して東北大学抗酸菌病研究所では、肺がん、手術不可能な胃がん、喉頭がん、術後再発の乳がん、肺転移がんなどの患者に有機ゲルマニウムを投与したところ、女性の場合は半数以上が、投与後1年以上生存していたと報告。これにより、同大学の石田名香雄教授は、有機ゲルマニウムには抗がん作用があると発表しています。

とはいえ、有機ゲルマニウムにはこういった効果を発揮する一方で、その摂取量や摂取方法によってはマイナスに作用してしまう場合もあります。

そのうえ類似品も数多く出回ってい

表1　有機ゲルマニウム化合物のラットを用いた急性毒性試験　経日死亡状況（経口投与）

性	投与量(mg/kg)	動物数	経日死亡数（日） 0日目 1時間	0日目 6時間	1	2	3	4	5	6	7	8	9	10	11	12	13	14	死亡動物数	死亡率(%)	LD50値(mg/kg)
雄	5,000	10	0	0	0	0	0	0	0	0	0	0	0	0	0	0	0	0	0	0	
	7,000	10	0	0	0	0	0	0	0	0	0	0	0	0	0	0	0	0	0	0	>10,000
	10,000	10	0	0	0	0	0	0	0	0	0	0	0	0	0	0	0	0	0	0	
雌	5,000	10	0	0	0	0	0	0	0	0	0	0	0	0	0	0	0	0	0	0	
	7,000	10	0	0	0	0	0	0	0	0	0	0	0	0	0	0	0	0	0	0	>10,000
	10,000	10	0	0	0	0	0	0	0	0	0	0	0	0	0	0	0	0	0	0	

表2　有機ゲルマニウム化合物のラットを用いた急性毒性試験　経日死亡状況（皮下投与）

性	投与量(mg/kg)	動物数	経日死亡数（日） 0日目 1時間	0日目 6時間	1	2	3	4	5	6	7	8	9	10	11	12	13	14	死亡動物数	死亡率(%)	LD50値(mg/kg)
雄	1,000	10	0	0	0	0	0	0	0	0	0	0	0	0	0	0	0	0	0	0	
	3,000	10	0	0	0	0	0	0	0	0	0	0	0	0	0	0	0	0	0	0	>5,000
	5,000	10	0	0	0	0	0	0	0	0	0	0	0	0	0	0	0	0	0	0	
雌	1,000	10	0	0	0	0	0	0	0	0	0	0	0	0	0	0	0	0	0	0	
	3,000	10	0	0	0	0	0	0	0	0	0	0	0	0	0	0	0	0	0	0	>5,000
	5,000	10	0	0	0	0	0	0	0	0	0	0	0	0	0	0	0	0	0	0	

表3　有機ゲルマニウム化合物のラットを用いた急性毒性試験　経日死亡状況（静脈内投与）

性	投与量(mg/kg)	動物数	経日死亡数（日） 0日目 1時間	0日目 6時間	1	2	3	4	5	6	7	8	9	10	11	12	13	14	死亡動物数	死亡率(%)	LD50値(mg/kg)
雄	500	10	0	0	0	0	0	0	0	0	0	0	0	0	0	0	0	0	0	0	
	1,000	10	0	0	0	0	0	0	0	0	0	0	0	0	0	0	0	0	0	0	>1,500
	1,500	10	0	0	0	0	0	0	0	0	0	0	0	0	0	0	0	0	0	0	
雌	500	10	0	0	0	0	0	0	0	0	0	0	0	0	0	0	0	0	0	0	
	1,000	10	0	0	0	0	0	0	0	0	0	0	0	0	0	0	0	0	0	0	>1,500
	1,500	10	0	0	0	0	0	0	0	0	0	0	0	0	0	0	0	0	0	0	

有機ゲルマニウム「ルルド３２」の急性毒性試験表（株式会社ポゾリサーチセンター調べ）

ますので、人体に取り入れる際は、毒性検査の済んだ品質のしっかりした有機ゲルマニウムを自分の症状と照らし合わせて、専門家の意見も参考にしながらとるのが望ましいことは、言うまでもありません。

啓示を受けた水の誕生

当初PSA検査の値が8・99ng/mLだったのが、ミネラル豊富な水（いわまの甜水）と有機ゲルマニウムを一緒にとるようになってから、この原稿を書き始めた2012年12月に行った検査では、0・2ng/mLにまで下がっていました。

この結果を見て、私は自分が前立腺がんのような症状になったものの、体内バランスをはかることによって病気を克服することができることを「身をもって体験させられた」のだと思いました。

さらに、そこで何気なくカルテ番号に目を向けた私は、ハッとしました。

――「3690」と記述されていたのです。

これは「みろくの世」を暗示させる数字です。私はこう解釈しました。
「みろくの世は、極度に酸化した土壌・体質から、中庸の健康な土壌と幸せ体質に変えられる伊都能売《いづのめ》の身魂を持つ人びとによって築かれていく。そのために地球の生態系を見直し、この世界に存在するあらゆるものと共に理想社会をつくりなさい」という宇宙神からのメッセージだと。まさに生態系の立直しです。

本来なら全国各地に出向き、心身の不調で悩まれている多くの方一人ひとりと対峙して、私が今まで研究してきたキネシオロジーや東洋医学（陰陽五行説）などを用いてエネルギー不足解消へのお力添えをしたいのですが、それは物理的に難しいものがあります。

だからこそ、私は2012年に宇宙の根源神（COU）からインスピレーションを受け与えられた〝土〟をヒントに、私の症状をとるために力を貸してくれた「いわまの甜水」と「有機ゲルマニウム」をどうにか多くの方にお役立てできないものかと試行錯誤しました。

どちらかが多く、一方が少ないではなく、バランスよく中庸化をはかりたい。そのためには、この2つを最初からいい比率で混ぜ合わせるほうが適切なのではないだろうか――。

考えていても道は開けないので、私は自分の想いを伝えようと、いわまの甜水を実際に取り扱われている会社に伺い、会長と直接お会いしてお話をさせていただきました。すると「そういったことなら、ぜひお力になりたい」と、このお水をもとに新しく製品をつくる許可をいただきました。

また、有機ゲルマニウムを取り扱われている方からも、私の想いに賛同してもらうことができ、そのおかげでこの２つを中庸化のはかれる黄金比率で混ぜ合わせることに成功したのです。

私は、この伊都能売《いづのめ》の時代に生まれた水に、ルルドの泉にあやかって「ルルドの天使」と名づけました。

読者のみなさんは、ルルドの泉という聖地をご存じかと思いますが、ルルドとはフランスに実在する村の名前で、カトリック信者の巡礼地でもある場所です。

ここにはひとつの有名な逸話があります。それは、少女ベルナデッタ・スビルーの前に聖母マリアが出現したことから始まります。聖母が示唆した場所を掘ると、泉が湧き出てきました。これがのちに難病を治すと言われるようになる、ルルドの泉です。

アクエリアス時代に啓示によって生み出された水（「ルルドの天使」）

この水の治癒効果は、実際には2～3パーセントくらいだそうです。「たかだか数パーセント」と思われるかもしれませんが、私はそれでも数パーセントの効果があるという事実に注目すべきだと思います。数値としては少ないかもしれませんが、一部ではまさに「奇跡」としか言いようのない効果が認められているのには、「これは治る！」という意識と重なる思いの強さが存在しているからだと思います。

私のコーディネートした水も、この水のように多くの方々の岩戸開きを手伝ってくれることを願っています。

しかし、人によってはこの水と共鳴できず、効果を発揮できない場合があるかもしれません。これはあくまでも私に与えられた型示しによって生み出されたものですので、あらかじめご承知おきください。

生態系の立直しに向けて

私は自分の身体を治癒するために、宇宙の根源から与えられたインスピレーションをもとに、〝土〟についてあれこれと調べていくうちに、前述の人間の存在に不可欠なミネラルと今から述べる生命の基である原初の微生物にたどり着きました。そしてこの微生物こそ、地球を立直すために必要な存在であることがわかったのです。

微生物（バクテリア）は、古代より地球上に必要な酸素をはじめ、植物や動物、人類にとっても必要なあらゆる物質を何億年と供給しつづけてきた生命の産みの親です。

発酵食品はもちろん、私たちの体内に生息する何兆という腸内バクテリアも、食物を酸で溶かし、エネルギー源を供給してくれていて、生命活動には必要不可欠なものです。

そのような人体に有用な微生物を体内に取り入れることは、古くから世界各地で行われていたようで、近年その効果が確認されて話題を呼んでいるのがモンモリロナイトです。モンモリロナイトもケイ酸塩粘土鉱物で、地殻変動と風化作用を経て形成されます。ケイ酸アルミニウムを含むピンク色がかった粘土で、無害でミネラル微粒元素の含有量が多いことから、動物が好む土の条件としても適しています。

このようにケイ酸塩粘土などを健康や美容のために摂取することを「クレイ療法」と言いますが、王仁三郎聖師も粘土の効能についてこう述べています。

「私はかつて伏見から綾部まで二十五里（約100キロ）の道を、何も食べる事が出来ないで帰った事があるが、そのとき赤土を取って水に溶かして飲んで食物の代用とした。そして無事綾部に帰りついた。

土というても大本のお土さんのように、粘り気のある土でなくてはいけぬ」（『水鏡』「泥は薬」）

ケイ酸塩粘土は粒子が小さいこともあって、中南米の秘境の地に住む原住民などは、ケイ酸系の粘土を健康維持のために食べる習慣もあるそうです。また、マレーシアでは産気づいた妊婦は安産のために粘土を食べたり、中国では漢方薬にも用いられ、モンモリロナイトは日本でも胃腸薬として使われていて、その安全性も確認されています。

あとはこれをどういった方法で、取り入れやすくするか、このような問題を解決することが生態系の立直しのために私が今、取り組んでいることです。

しかし現在は、地球規模の汚染が拡大しているので、当然ながら大地（土・粘土）に付着したり、雨（水）と共に吸収された農薬やカドニウム、水銀などの毒性には十分注意する必要があります。

とくに、土や粘土を活用する際には、毒性物質が含まれていないかどうか、検査したほうがいいでしょう。

驚くべき微生物の力

微生物の力に関しては、チェルノブイリ原発事故の後、大豆発酵食品に含まれるジピコリン酸がストロンチウム90などの放射性物質を体外に排出する効果があるらしいとのことで、日本から納豆や味噌などが送られたのは有名な話ですが、３・11の原発事故以降、とくに注目されています。

日本でも、放射性物質による土壌汚染の解消に微生物が役立つのではないかとさまざまな研究が行われているようで、現在のところは土壌汚染の解消とまではいかないものの、ある微生物に放射性セシウムを食べさせるという研究が進んでいます。

その微生物は「ロドコッカス・エリスロポリス」という菌で、セシウムとカリウムを上手に区別できない性質を持ち、それを利用して放射性セシウム137を土壌から除去する研究が進められていて、その結果、セシウムが92パーセントも減ったということです。

この菌の能力を発見したのは、茨城県つくば市にある国立環境研究所、水土壌圏環境研究領域の富岡典子主任研究員のグループで、栃木県の鬼怒川河川敷から採取したそうですが、この菌は実はそこらじゅうにいるものだそうです。

さらに、最近ではこんな興味深い実験結果も出ているようです。

「広島国際学院大（広島市安芸区）工学部の佐々木健教授（63）のグループが、細菌を使って福島県の土壌から放射性物質を回収する実験に成功した。昨夏、汚染ヘドロか

らの回収に成功していたが、今回の技術は農地や山林で利用できるため、実用化が期待される。（中略）

実験は同県南相馬市で昨年12月から今年２月にかけて行った。汚染された腐葉土に水や乳酸菌を加えて発酵させ、光合成細菌の一種『ロドバクタースフェロイデスＳＳⅠ』をアルギン酸と混ぜて作ったビー玉状の粒を入れると、セシウムが粒に吸着する。24日後に粒を除いたところ、放射線量が毎時10・56マイクロシーベルトから同３・52マイクロシーベルトに67％減。セシウムを取り込んだ粒は乾燥、焼却させると容量で97％減の灰になり、保管スペースが大幅に縮小できる。焼却時に放射性物質の外部拡散もないという。

細菌にはカリウムを取り込む能力があり、似た性質のセシウムを吸収できたと考えられるという。ヘドロで成功した方法に乳酸菌を加えるなどの工夫で、吸着効果が約１・５倍増したとしている。（中略）

同教授は『ヒロシマの学者として放射線被害の対策に役立てればうれしい。バイオは常温で使え、薬剤と違って農地にも優しい。早く福島で実用化させたい』と話す」（「中

國新聞」２０１２年11月27日付）

いずれにしても、こういった微生物（バクテリア）の働きについて、私たちはもっとよく研究する必要があります。

微生物というと、不潔なバイキンや病気を引き起こす悪者を連想しがちですが、実は地球上に最も種類が多く、最も生存量の大きい生物です。

私たちの腸の中や皮膚にもたくさんの微生物がいて、病気を引き起こすウイルスや雑菌の侵入を防いだり、栄養や健康増進に大事な役割を果たしており、腸が全体の免疫システムの50パーセント以上を占めているのも腸内細菌のおかげなのです。

大腸の中の腸内細菌は１００種類、１００兆個も生息していることが知られていて、体の健康にはこの腸内細菌に占めるビフィズス菌や乳酸菌などの善玉菌が占める割合を増やすことが重要です。

地球を含めた私たちの健康は、こうした微生物によって支えられている。このことを改めて認識する必要があると思います。

第4章

宇宙と響き合う祈り

宇宙創造のエネルギーと同調する

第3章では、私自身が「祈り」によって前立腺がんのような症状を克服するための重要なヒントを得た話をしました。

そこで本章では、祈りについて私なりの考えをお伝えし、読者の皆さんとっての幸せを呼び込むための参考にしていただければと思います。

祈りには、個人的な願いを叶えたいというものから、身近な人の健康や愛する人の幸運を願う祈りなど、さまざまなレベルがありますが、どんな祈りであっても、それが叶えられるための共通した条件があります。

それは、その祈りが宇宙の法則や進化の流れと100パーセント響き合っていることです。

つまり、祈る人の気持ちや願いが自分自身や祈りの対象者にとってプラスに働くものであれば、宇宙（創造神）との共鳴力によって必ずポジティブに作用するということです。
ただし、祈る人がいくら顕在意識でそのように祈っているつもりであっても、それとは反対に、潜在意識の中に否定的な感情があったり、疑いがあれば、それだけ祈りの効力が弱まり、実現性は低くなります。いわばアクセルとブレーキを同時に踏んでいるようなものです。

ようは、本心から真心をもって祈っているかどうかが、祈りの質と効果を決めるのです。漠然とした祈りや自己陶酔的な祈りではなく、自分の内側から湧きあがってくるやむにやまれぬ気持ちや、そうあってほしいと心の底から祈るとき、その純粋な思いや願いは必ず天に通じ、宇宙創造エネルギーと同調します。

祈りの作用効果は、いわゆる念力や通常の物理エネルギーの働きとは違うレベルのものですが、仮にその原理を電波に例えるとこうなります。

①ラジオやテレビの電波と同じように、周波数が同調（共振）することで情報の送受信が可能となる。

②質の高い祈りは、「宇宙創造局」という最も根源的な周波数（超超高周波）と共振共

鳴し、時間・空間を超えて周波数が近いもの同士を同期・同調させ、そのエネルギーを増幅させる。

③そこで宇宙創造エネルギー（創造神の力）が注ぎ込まれることによって、その祈りというイメージやアイデア（振動数）が三次元に具現化（物質化）される。

このメカニズムを働かせるには、顕在意識と潜在意識が一致していること、つまり本音（本心）と理想（祈り）にズレがないことが重要であり、ゆえに純粋な祈りほど効果が高まるのです。

祈りは科学的にも効果がある

折しも昨年（2012年）から、祈りが科学的にも効果があるということを示す事例や研究者たちの見解を紹介した「祈り――サムシンググレートとの対話」という映画が公開され始め、国際映画祭マンハッタン2012ベスト・グローバル・ドキュメンタリー部門でグランプリを受賞するなど話題を呼んでいます。

この映画は、白鳥哲監督によって企画・制作されたものですが、監督自身が脳梗塞で倒れ、病気の原因が過去の自分の感情にあることに気づいたことや、一人では何もできない状態でいたある日のある時間、とても体調がよくなり、不思議に思っているとその時間に七田チャイルドアカデミーの子ども達が白鳥監督のために祈ってくれていたことがわかったという自らの経験が制作の動機になっているようです。

内容は、DNA研究の権威で筑波大学名誉教授の村上和雄氏が祈りの科学的研究に携わっている欧米の著名な科学者らと共に、祈りの作用について解き明かしていくというもの。

「サムシンググレート」というネーミングで知られる村上博士は、心と遺伝子研究会を立ち上げ、心の働きが遺伝子に影響を与えることを確かめ、愛や感動などのポジティブな心の働きや笑いが眠っている遺伝子をオンに変えることを証明したことで知られています。

さらに、ホリスティック医学の権威であるディーパック・チョプラ博士、細胞生物学者ブルース・リプトン教授、祈りを含めた意識研究を科学雑誌に発表し続けているジャーナリスト、リン・マクタガート女史などが登場し、祈りを含めた意識研究の最先端が紹介されています。

白鳥監督は、この映画を通じて次のようなメッセージを発しています。

「今、欧米のホリスティック科学の世界では、祈りを含めた意識の力についての研究が応用段階に入り、実際に医療の現場などで使われだしています。そして、一人一人の意識の集まり……集合意識そのものが地球の磁場と連動する事が確かめられているのです。

私たちのあり方が地球に影響しているのです。

これまで宗教の世界の事だと言われてきた『祈り』を思い出す時期に来ているのです。

エゴではない、地球の調和を目指した『祈り』が出来たら人類は大きく変わると思います。

この作品が少しでも多くの方々の心に届き、人類の意識転換へ貢献する事を心から願ってやみません」

実験で確かめられた祈りの癒し効果

祈りの癒し効果については、現在までにいくつかの報告がなされています。とくにここ数年、欧米の大学では新しい視点としてたいへん注目を浴びています。

アメリカの権威ある大学のひとつ、ハーバード大学のベンソン教授は、「祈り」によって呼吸数、心拍数、二酸化炭素排出量、酸素消費量の抑制を確かめ、祈りはがんや糖尿病、不妊症などの病気にも効果があることを報告しています。

他にも1200例以上の「祈り」に関する研究データが確認されていますが、その中でもよく知られているのが、元カリフォルニア大学の心臓学教授であったランドルフ・ビルド氏によるサンフランシスコ総合病院での実験です。

これは私の著書『出口王仁三郎の遺言』でも少し触れていますが、その実験は次のようなものでした。

①まず、心臓治療ユニットに入院した393人の患者をコンピューターを使って無作為にA、B2つのグループに振り分けた。A群は「祈ってもらうグループ」192人で、B群は「祈ってもらわないグループ」201人。

②この振り分けは、臨床実験で用いられる厳密な基準を適用して行われ、しかも、患者本人は勿論のこと、医師や看護師にも知らせなかった（知らせると心因効果が生じる恐れがあるため）。

③次に「祈ってもらうグループ」に対し「祈ってくれる人たち」を全国のローマ・カトリックとプロテスタントの教会から募集し、1人の患者に対して5～7人を割り当てた。「祈ってくれる人たち」には患者の名前と病状を教え、その人たちのために毎日祈ってくれるように依頼した（ただし、祈り方については何の指示も与えず、それぞれの祈り方にまかせた）。

④その結果、祈ってもらった患者たちA群のほうが、祈ってもらわなかった患者たちB群に比べて病気の進行が明らかに遅かったというデータがもたらされた。また、A群はB群に比べて抗生物質を必要とした患者が5分の1にとどまった。A群では

B群に比べて、心臓疾患により肺気腫になった患者が3分の1にとどまった。A群では喉に人工気道を確保する気管内挿管を必要とする患者はいなかったが、B群では12人の患者が必要とした。

⑤この実験によって、心が遠くの出来事に影響を及ぼすことができるということ、つまり祈るという行為が、何百マイルも離れた心臓治療ユニットにいる患者の症状に影響を及ぼすことができるということが明らかになった。

この実験の方法と結果について、ウイリアム・ノーラン医学博士は「この研究は精査に耐えうるものだ。おそらくわれわれ医師は『1日3回祈ること』と処方せんに書くべきなのだろう。祈りは効くのである」と述べています。

祈りは本当に効く良いクスリ

また、『祈る心は、治る力』（日本教文社刊）の著者で意識と自然治癒の関係についての研究で世界的に知られるラリー・ドッシー医学博士は、ビルド氏のこの実験結果を次のように分析しています。

「これは、祈りが現代科学で理解されているような『エネルギー』ではないことを端的に示している。エネルギー、例えば無線信号や光線は、距離が遠くなるにつれて急速に減衰する。もしも、ある種の精神エネルギーが祈りに関与するとしたら、病院のあるサンフランシスコで祈った人たちは、遠いニューヨークやマイアミで祈る人たちに比べて良い結果をあげることができたはずだ。距離が近ければエネルギーも強いと考えられるからだ。しかし、そのような相関性は発見できなかったのである」

この実験からも、祈りが免疫力や自然治癒力を高める効果があることは明らかで、ドッシー博士も著書の中で、最新の医学研究をもとに「祈りは本当に効く良いクスリ」だと述べ、次のような特徴を挙げています。

・祈りの力は、離れた場所からでも人を癒す
・祈りの力は、特定の宗教だけのものではない
・「真心」のない祈りに効果はない
・祈りとは「あるがまま」にあるべきもの
・祈りの科学的理解には現界がある
・祈りによって、心は時間と空間を超える
・祈りは単なるプラシーボ（偽薬）ではない
・祈りの内容とネガティブな無意識の力に注意せよ

他にも欧米では祈りについてのさまざまな研究が行われていて、すでに医療現場でも祈りが応用（処方）されているそうです。

また、癒し効果だけでなく、善意ある祈りは怒りを和らげる効果があることが確認されたとのニュースもあります。

「アメリカの科学者らが行った調査で、怒りを和らげるには、信仰の有無に関わらず善意を持って祈ることに効果があることが分かった。パーソナリティ・アンド・ソーシャルサイコロジー・ブレティン（電子版）で発表された。

共同で調査を行ったオハイオ州立大学のブラッド・ブッシュマン教授は『人が怒りをコントロールするのに祈りに効果があることが分かった。おそらく（祈ることによって）怒りの元となった現象を違う観点から見直し、あまり個人的なものとして受け止めないようにすることができるのだろう』と述べた。

調査では最初、米大学の学生53人を対象に怒りや気持ちの落ち込み、緊張、疲労、気力などの感情のレベルを測る質問を行い、次に怒りの反応を誘発するような状況下に学生を置いた。その後、学生にがん患者についての新聞記事を読ませ、無作為に選んだ一部の生徒には患者のために祈る、または思いを寄せるよう求めたところ、患者のために祈った生徒の怒りのレベルが低下したという。

また、ブッシュマン教授がミシガン大学のライアン・ブレムナー氏などと実施した別の研究でも、同様の結果が得られたという」（「怒りのコントロール『善意ある祈り』が

効果的」２０１１年３月23日ロイター通信）

また、「ホロトロピック・ネットワーク」の代表として知られる天外伺朗《てんげしろう》氏のメルマガにもこんな記事が紹介されていました。

「日本の人たちはほとんど知りませんが、３・11の後、アメリカでは多くの（インディアンの）長老が祈ってくれました。（中略）

ウイリアム・コマンダ大長老は、よく癌になって生死の境をさまよった経験を話されます（おそらく70年前の話）。

その若き日のコマンダは、『癌になったのは白人に対する憎しみが原因だ』と、長老に諭されたということです。

『冷静によく考えてごらん。白人といえども、母なる大地が生み出してくれた私たちの大切な兄弟ではないか。

私たちの昔からの伝統では、母なる大地が生み出してくれた、すべての動物、すべての植物に感謝の祈りを捧げるではないか。どうして白人だけ除外できようか。多くの悲劇があったけれど、何百年かたてばきっとその意味がわかってくるはずだ。どんな出来事も、どんな存在も、すべて創造主の贈り物だし、何があっても、何をされても、ひたすら感謝するのが、わしらの伝統だ。

お前も、ゆるすということの崇高さを学ぶべき歳になった。感謝する事がどんな武器よりも強力なことを学ぶ時期が来たのだよ』

ラコタ族の『ホーミタクヤシン』という言葉は、母なる大地が生み出してくれた兄弟たち、すべての動物、すべての植物、すべての鉱物をたたえる、という意味ですが、これがあらゆる部族のインディアンの祈りの基本です。

若き日のコマンダは、長老のことばにいたく感じ入り、毎日熱心に伝統的な感謝の祈りを捧げたら、いつの間にか癌は自然消滅していたということです」(「天外伺朗の『フロー経営』セミナー」)

このように祈りに怒りを鎮める効果、また、ゆるしや感謝に気づく効果があるとすれば、多くの人が心から平和を望んで真摯に祈り続けることで、テロや戦争の火種を少しでも減らすことも可能なはずです。

その意味で、祈りという行為は個人的な問題だけではなく、この地球上の問題すべてに影響を及ぼすことが可能な力（エネルギー）であり、つまりは積極的な平和活動だとも言えます。

ゆえに、地域紛争や戦争を画策している〝闇の勢力〟に抗する草の根運動にもなり得るのです。

宗教宗派を超えた聖なる祈り

このように、祈りはもはや宗教の専売特許ではありません。

すでに欧米などで最先端科学、医学の領域においても重視され、祈りが治療の一環として用いられつつあるということは、霊性の重要さに気づいた人たちが増えていることと密接に関係しています。

前出のドッシー博士によると、健康における霊性（スピリチュアリティ）の重要性を教えているアメリカの医学校は、1993年にはたった3校だけだったのが、現在は130ある医学校のうち90校にものぼるそうです。

霊性とは、愛・優しさ・思いやり・瞑想・祈りを意味します。

要するに、狭い宗教教義や特定の組織宗教とはまったく無関係なものであり、いま最先端医学においては、これまで避けてきた霊性をも取り入れる段階に来ているのです。やはり、本当の人間らしさやトータルな健康を考えたとき、霊性について避けて通ることはできません。

では、「人類共通の霊性」とは何を意味するのでしょうか？

それぞれの分野、立場からいろんな説明が可能でしょうが、私はそれこそが宇宙の法則や進化の流れと響き合える自由な意識であり、聖なる祈りではないかと思うのです。

自由な意識や聖なる祈りは、真心や無条件の愛、真我そのものから発せられている願いであり、その源となるのは「普遍的な生命」と言ってもいいかもしれません。

つまり、狭い意味での物質的な命ではなく、永遠不変の生命、宇宙エネルギー、宇宙（神）意識などと呼ばれる根源的な力。その宇宙創造のエネルギーと響き合う意識や利他的行為が人類共通の霊性なのではないかと思います。

王仁三郎聖師はそれをこう表現しています。

「生命は永久に存続するもので、過去、現在、未来の三世にわたって生きている。吾々生物の生命は絶対不変無始無終にして、神の分霊分身である。ゆえに永遠にわたって不老不死である。（中略）

無限の生命、そこに吾人が絶対不断の生命を見いだして、永久に生きる事を悟った時、吾々の眼前に展開されるものはすべてが試練であり、すべてが教訓である事が覚り得られる」（『水鏡』「生命」）

王仁三郎聖師の言う「神の分霊分身」が私たち一人ひとりの存在です。その点について、聖師はこう述べています。

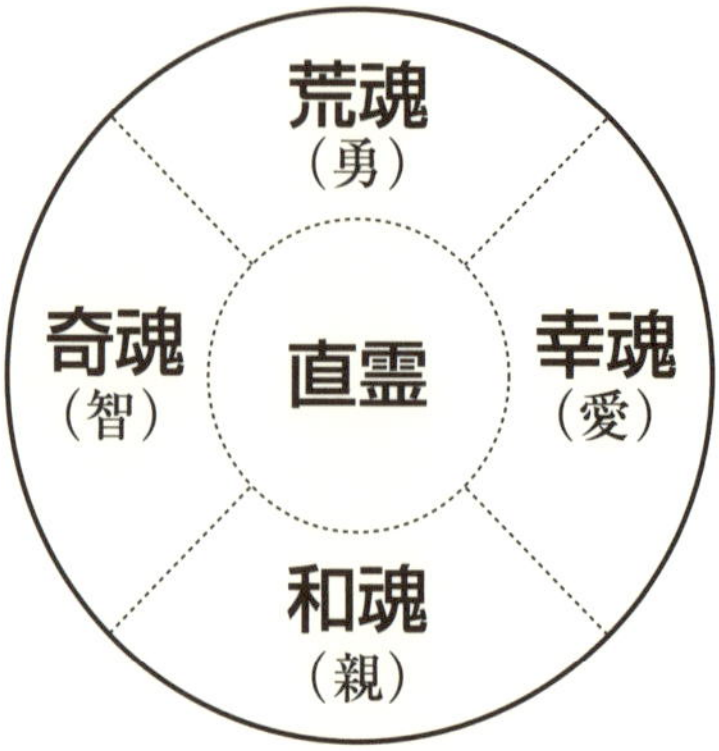

人間の心だけではなく、森羅万象すべてのものがこの一霊四魂から成ると出口王仁三郎聖師は説いた。

「すべて神が一物を造りたまうのには、たとえ、一塊の土を造るのにも、三元八力《さんげんはちりき》という諸原素、諸霊力によられるのであります。剛、柔、流の三元（鉱物、植物および動物はこの原素よりなっている）と八力（溶かす力、和す力、引張る力、ゆるむ力等八つの力）をもって、一つの物が造られているのであります。そして人の身体もその如く出来ているのでありまして、そこへ一霊四魂《いちれいしこん》という魂、即ち勇智愛親《ゆうちあいしん》の働く所の魂を、お与えになっているのであります。

一霊は直日《なおひ》の霊である、四魂の荒魂《あらみたま》、和魂《にぎみたま》、奇魂《くしみたま》、幸魂《さちみたま》は四つ個々別々にあるのではなく、これは智である、これは愛である、これは親であるなど、その魂の働きをいいあらわしただけで、元は一つであります。その時のいわゆる心境の変化で、勇となり、智となり、愛となり、親となるのであって、本当は一つのものであります。直日の霊、これ一つが本当の心なのです」（『出口王仁三郎全集２』「皇道大本は宇宙意志の表現」）

地球の振動波に祈りを合わせる

では私たち一人ひとりがどのように祈れば、本体としての神、すなわち宇宙創造のエネルギーとの繋がりを強化できるのでしょうか？

私のこれまでの経験から言うと、それにはまず「地球自身に意識を同調させること」です。

言うまでもなく、地球上で生きている私たちにとって、地球は愛に満ちた親のような存在であり、地球自身もまたひとつの生命体です。

地球を自己調節能力を持ったひとつの生命体（有機体）であると見なす考え方は「ガイア仮説」と呼ばれます。

これはイギリスの科学者（生物物理学・医学）であるジェームズ・ラブロック博士によって提唱された概念で、ギリシャ神話の大地の女神からその名が付けられたとのこと。

ガイア仮説の主張はこうです。

火星や金星など太陽系の他の惑星と異なり、地球上には20数パーセントの酸素を含む大気が長い歴史を通じて維持されてきた。この間、巨大隕石の墜落や氷河期、間氷河期の甚大な気候変動など、人為的な影響による環境破壊よりもはるかに多大な影響を及ぼす激しい変動に耐えながら生き延びてきた。

その奇跡的な歴史を、地球というひとつの生命体の自己調節システムによるものと見立て、人為的な地球環境への影響に対して科学技術による即物的な対応を図るよりも地球の大きな生命の流れに沿った判断をすべきである、という考え方です。

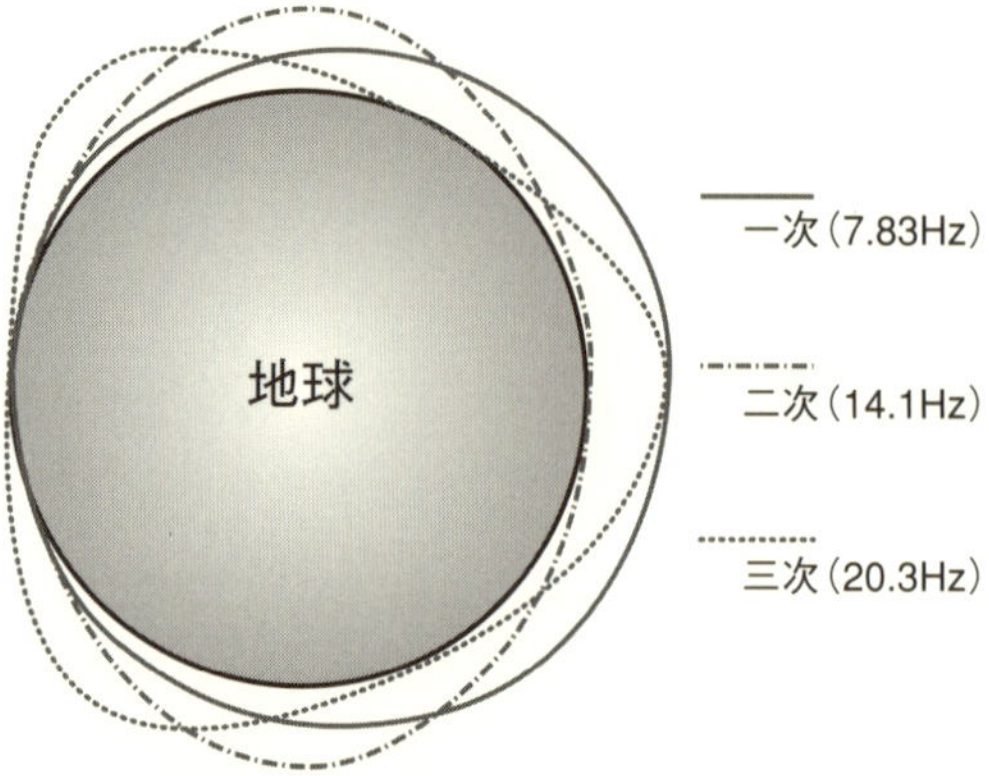

シューマン共振とは、地球の地表と電離層との間で、極極超長波（ELF）が反射をして、その波長がちょうど地球一周の距離の整数分の一に一致したものをいう。1952 年に物理学者シューマンによって発見された。

地球という大きな生命の流れは、宇宙の法則や進化の流れとシンクロしています。その生命体としての地球の脳波に当たるのが「シューマン共振」です。

シューマン共振とは、電離層最下部のＤ層の中で超低周波の電磁場が共振する現象を言い、電磁波が電離層の中を7・8～31・7ヘルツ（Hz）で共振しながら周回している現象を指します。

1952年、米国イリノイ州立大学のシューマン教授によって超低周波の電磁波（超低周波電磁界）が地球と共振していることが発見されて命名されたもので、太陽風や月の引力といった他の天体からのエネルギーにも連動しながら変化し、地球上の生命に大きな影響を与えると同時に、人類の無意識層にも影響を及ぼしていると考えられています。

現在はその周波数が上昇しているようですが、基本的にこの7・8～31・7ヘルツは、人間の脳波のθ《シータ》波（4～7・8ヘルツ）とα《アルファ》波（7・8～14・1ヘルツ）の境界付近の振動数で、リラックス時の脳波と重なります。

これはそもそも、人間の脳が古代生物誕生以来、シューマン共振から強い影響を受けてきたことを意味しており、地球の脳波と人間の脳波が同調し、呼応し合っているのが本来の状態だということ。したがって、深くゆったりとした呼吸や瞑想の習慣を持つことにより、ざわついた意識が鎮静・安定化し、地球の脳波と同調しやすくなるのです。

いわば、私たち人間は「地球脳」を構成する脳細胞のひとつ。したがって、地球脳全体と調和的に響き合っていることが健全な人間のあり方で、そこに意識（周波数）を合わせることが聖なる祈りとなり、地球自身を産み出した大元の神（宇宙創造エネルギー）との結びつきをも強化することに繋がるのです。

大元の神、創造神と呼ばれる存在は、分離や対立などの二元性を超えた根源的な次元であり、そこには愛と調和しかありません。

地球という生命体もそこから産まれた存在であることから、自分の意識を地球の脳波（シューマン共振）と同調させれば、愛と調和のエネルギーで満たすことができるのです。

これは、子どもの意識が母親（自分を守り、育んでくれた存在）の意識と連動し合っているようなもので、子どもが成長過程において一時的に不安や怖れを感じたとしても、愛に満ちた母親の存在を思い出し、そこに意識を合わせることで不動心や本当に必要なものを取り戻すことができるのと同じことです。

実際に脳波が θ 波や α 波になると、心が安静になり、意識の自由度が広がります。

そこでポジティブな願いや意図を持ちながら、宇宙創造のエネルギーと響き合うことによって、その振動に共振した「誰か」または「物質」が自分の眼前に現われ、現実化していく――これが「奇跡」と呼ばれるものであり、聖なる祈りの原理です。

それではここで、自分の中の偉大な力を目覚めさせるための祈りの言葉を紹介しておきましょう。これは私が今までの体験に基づいてつくった願望達成の祈りです。

宇宙の法則、螺旋状の進化の流れと同じように、前向きな思考、前向きな言葉、前向きな行動を繰り返すことにより、体内の60兆個の細胞が目標設定に対して、自動的に目的へと導いてくれます。これは飛行機のパイロットが自動操縦をセットするのと同じ仕組みです。

この言葉を毎日、願望や祈りが達成できるまで反復し続けてみてください。

豊選華《ほうせんか》

私にはすべてを可能にする力があります。
私の夢は叶えられます。
願望は必ず達成できます。
私にはそれだけの底力と奇跡の力があります。
今、私の偉大な内なる自分の力に気づきました。
偉大なる光の力は60兆個の全細胞に備わっています。
チルチルミチルの幸せの青い鳥は世界中探しても見つかりません。
青い鳥は自分の内なる光の中に住んでいます。
私は自分の目標を具体的に設定し、目標達成のプログラムをつくります。
そしてそれが達成するよう、毎日行動し続けます。
私の目標や願望は必ず達成されます。

奇跡はもうすぐそこまでやってきています。

霊をもって真の神に祈る時代

言うまでもなく、宗教宗派を超えた聖なる祈りは、特定の「神」を必要とはしません。王仁三郎聖師は、その点について誰よりもいち早く主張していて、神への祈りには個別の神（八百万《やおよろず》の神）を祀る祭祀と、真《まこと》の神（宇宙創造神）への祈祷があるとし、次のように述べています。

「道之大本第三章

一・神を斎《いつ》きまつるには、顕斎、幽斎の二つの大別あり。

二・顕斎は、天つ神、国つ神、八百万神を祭祀するものにして、宮殿あり、祝詞《のりと》あり、幣帛《へいはく》ありて、神の洪恩大徳を報謝して、敬虔《けいけん》の意を表するの道なり。

三．幽斎は、真神を祈る道にして、宮社もなく、祭文もなく、幣帛もなし。ただ願望するところを、吾人の霊を以て祈祷し奉るの道なり。

四．要するに顕斎は、祭祀を専とし、幽斎は祈祷を専とするの道なり。

五．真の神は霊なり。故に其至霊に対するは、霊を以て祈るべし。

六．顕斎のみに偏るも非なり。幽斎のみに偏するも亦《また》非なり。

七．ある宗教の唱ふる如く、「神は霊なり」として、霊のみに偏し、形あるものを祭ることを忌み嫌いて、顕斎の道を無みし、偶像宗教などとそしるもの、あまり偏見にして、未だ全き教理といふべからず。

八．斎きまつるには、神像必ず不可ならず。されど祭祀祈祷の大道を誤りて、顕斎のみによりて福祉を祈るは非なり。祈りは霊を以てせざるべからず」（『出口王仁三郎著作集第1巻』）

この文章を額面通りに解釈すれば、祭祀も祈祷も両方必要だという意味になりますが、これは当時の宗教のあり方や時代背景を考慮したものであって、王仁三郎聖師のより深い意図を斟酌《しんしゃく》すれば、「真の神に対しては、偶像崇拝ではなく、霊をもって祈ること」を強調しているのだ思います。

なぜなら王仁三郎聖師は一方で、神の精神と合一した安静な心、魂こそが、言霊《ことたま》（言葉の持つエネルギー）を自由になし得ると述べ、それこそが本来の「日本魂《やまとだましい》」だと説明しているからです。

「日本魂《やまとだましい》とは、天地の先祖の神の精神と合一した心である。至仁《ぜん》至愛の大精神にして、何事にも心を配り行き届き、凶事に逢うとも大山のごとくビクともせず、物質欲を断ちて、精神はもっとも安静な心である。

天を相手とし、凡人と争わず、天地万有、山野河海をわれの所有となし、春夏秋冬も、昼も夜も暗《やみ》も、雨も風も雷も霜も雪も、みなわが言霊《ことたま》の自由になし得る魂《みたま》である。

いかなる災禍《わざわい》に逢うも、艱苦をなめるも意に介せず、幸運に向かうも油断せず、生死一如にして昼夜の往来する如く、世事一切を惟神《かんながら》の大道《だいどう》に任せ、好みもなく憎みもなさず、義を重んじて、常に安静なる魂が日本魂である。

常に心中長閑にして、川水の流るる如く、末に至るほど深くなりつつ自然に四海に達し、我意を起こさず、才智を頼らず、天の時に応じて、神意にしたがって天下公共のために活動し、万難に撓《たゆ》まず屈せず、無事にして善を行うを日本魂という」(『出口王仁三郎全集第1巻』「神示の日本魂」)


王仁三郎聖師の言う「常に安静なる魂」こそ、万人にとっての幸せを呼び寄せられる人であり、生活のすべてを聖なる祈りとして実践できる愛善の人でしょう。

内なる神性は、そのような愛善の人の中に100パーセント開花されるのです。

第5章

みろくの世の構成者たちに残された祝詞

みろくの世の礎となる「伊都能売《いづのめ》の魂」

最終章にあたり、大峠の後に訪れる「みろく神政の世（地上天国）」を予言し、日本魂《やまとだましい》の復興を希求した出口王仁三郎《でぐちおにさぶろう》聖師が残した「祝詞《のりと》」について紹介しておきたいと思います。

そもそも祝詞の「祝」という字は神を意味し、兄は口と人を合わせた字であることから、人が神に向かって申し上げる言葉を現わした象形文字です。

王仁三郎聖師は言霊《ことたま》のエネルギーについてたいへん重要視し、この宇宙は七十五声音の言霊によって、森羅万象の一切が創造されたとしています。

「天もなく地もなく宇宙もなく、大虚空中に一点の丶《ほち》が忽然と顕れ給ふ。この丶《ほち》たるや、すみきり澄みきらひつつ、次第々々に拡大して、一種の円形をなし、円形よりは湯気よりも煙よりも微細なる神明の気放射して、円形の圏を描き丶《ほち》を包み、初めて◎《ス》の言霊生れ出でたり。

この◎《ス》の言霊こそ宇宙万有の大根元にして、主の大神の根元太極元となり、皇神国の大本となり給ふ」（『霊界物語』第73巻第1章「天之峯火夫の神」）

また、日本語の四十八音は言霊の基本であり、最奥の秘宝であるとして、従来の神道で用いられる祝詞とは異なる文言（言霊）を使った独自の祝詞を唱えていました。

祝詞を唱えることは偶像崇拝とは違って、真《まこと》の神、すなわち宇宙創造神（ＣＯＵ）を敬うことであり、言い換えれば、宇宙創造のエネルギーに意識を合わせることです。

大本においては、「天津祝詞《あまつのりと》」「神言《かみごと》」「感謝祈願詞《みやびのことば》」「日拝詞《にっぱいし》」の他、祖霊に対する「祖霊拝詞《それいはいし》」などが唱えられていますが、今の時代に最も必要とされる祝詞は「感謝祈願詞」だと私は考えています。

なぜなら、この祝詞には「伊都能売《いづのめ》の魂」になることを願う祈りが込められているからです。

「伊都能売の魂」とは『伊都能売神諭』に記された、王仁三郎聖師の象徴的な働きを意味するものです。

『伊都能売神諭《いづのめしんゆ》』は、大本開祖・出口直の昇天（大正7年11月6日）後に、国祖・国常立尊《くにとこたちのみこと》が王仁三郎聖師の手を通して降した神示であり、これには開祖昇天後は、王仁三郎聖師が「厳《いづ》（火）」と「瑞《みづ》（水）」を合わせた「伊都能売」の御魂となって活動することが示されています。

伊都能売の御魂とは、縦糸と横糸で編んだ着物として例えられるのですが、着物は縦糸（陰）だけでも横糸（陽）だけでも完成しません。2つの糸が織り成されることで初めて着物としての体を成します。

まさにこの縦横（陰陽）そのもの（中庸）が「伊都能売の御魂」ということです。王仁三郎聖師はその活動を実現するための受け皿として、大本の外部で必要な人びとに働きかけて密かに裏神業を行わせていた。その経緯は『出口王仁三郎の遺言』で述べた通りです。

さらに、前作『出口王仁三郎の大復活』でお伝えしたように、宇宙根源の龍であるコスモドラゴンが降臨するきっかけとなった2011年12月10日の皆既月食と2012年5月21日に日本で起きた金環日食が対になり、この陰陽2つの現象が結合・成就することによって「伊都能売の神（御魂）」、すなわち宇宙創造神のエネルギー（ＣＯＵ）が、いよいよ三次元世界にもたらされた。これはつまり、さまざまなレベルで二元性を超えた愛と調和の働きが顕現してくるということです。

だからこそ、その愛と調和のエネルギーに感応できる火（陽）と水（陰）を融合させた伊都能売の魂たちが、みろく神政の世を築く礎となるのです。

言い換えれば、伊都能売の魂とは、あらゆる次元における中庸（バランス）化によって常に宇宙と共鳴している魂であり、それがゆえに最もエネルギーのポテンシャルが高い「ゼロ磁場力」を持っていると言えます。

このような魂たちが日本から多く輩出されることによって、さまざまな人が覚醒して闇の勢力のコントロールから解き放たれ、家族や地域社会が再生し、他国からも尊重されて、必ずや世界の見本となる愛善の国民・国家になる――王仁三郎聖師はそんなビジョンを明確に描いていたに違いありません。

みろくの世の構成者たちのために用意されていた祝詞

伊都能売《いづのめ》の魂を担っていた王仁三郎聖師だからこそ、のちに続くみろくの世の構成者たちの祈りとして、「感謝祈願詞《みやびのことば》」を用意しておいてくれたのだと思われてなりません。

この貴重な祝詞は、元は大本教学院が編纂した『祝詞釈義《のりとしゃくぎ》』に収録されていたのですが、昭和28年（1953）に絶版となり、それに解説を加えて改訂再版された『祝詞の解説』（天声社）の中で新たに紹介されています。

『祝詞釈義』は、王仁三郎聖師の「祝詞略解《のりとりゃくかい》」を主体に、その当時、教学院長であった出口伊佐男氏の講話内容を加えて米川清吉氏が編纂したものですが、実はこの米川清吉氏は私の叔父に当たる人物です。

時を隔てて、いま私がこの祝詞を一般の方々に紹介するにあたり、叔父との奇しき縁を感じざるを得ません。

叔父である米川氏は、大正14年（1925）に発会した大本の外郭団体である人類愛善会の理事長を務めると共に、綾部市の市議として、日本で最初に世界連邦都市宣言をするように働きかけた人物です。

世界連邦とは、世界の国々が互いに独立を保ちながら、地球規模の問題を扱うひとつの民主的な政府（世界連邦政府）をつくることを目的としています。

世界連邦運動は昭和20年（1945）、核兵器を使用した戦争を二度と繰り返してはならないという科学者や文化人たちの人類全体に対する問題提起から始まりました。

世界連邦の提唱者であり、「相対性理論」で有名なアインシュタイン博士は、原子力の国際管理を強く主張し、そのためには国際連合の機構、および機能を改め、これによって原子力をコントロールする以外になく、また組織的に一切の戦争の主要原因を縮小し、排除することを始めなければならないとしました。

そして原爆投下の翌年、ルクセンブルグで国際的な運動組織が結成され、「世界連邦政府のための世界運動」という名称のもと、本部をジュネーブに置き、翌年の1947年には「モントルー宣言」を発布。

賛同者には、このアインシュタイン博士を筆頭に、「密林の聖者」として名高いシュバイッツァー博士や、数学・論理学者、そして哲学者の顔も持つバートランド・ラッセル博士、パール東京裁判判事などが名を連ね、日本からは日本人初のノーベル賞受賞者である湯川秀樹博士や憲政の神と称される尾崎行雄氏といった蒼々たるメンバーがこの運動に参画しています。

日本で世界連邦運動に賛同を表する「世界連邦都市宣言」が初めて行われたのは、昭和25年（1950）10月14日、京都府綾部市において次のように宣言されました。

綾部市の「世界連邦都市宣言文」（日本初の宣言）

綾部市は日本国憲法を貫く平和精神に基いて
世界連邦建設の趣旨を賛し全地球の人々と
共に永久平和確立に邁進することを宣言する

昭和25年10月14日綾部市議会

その後、東京都、大阪府、京都府など多数の自治体が議会の議決をもって世界連邦平和自治体であることを宣言し、昭和29年（1954）には、これらの宣言自治体の連絡、提携をはかるために「世界連邦自治体全国協議会」が結成され、平成24年（2012）7月の時点で、81自治体（1都2府1道17県60市区町村）が加盟しています。

世界連邦が実現すると、国際紛争は国家間の戦争ではなく、世界法に基づいて連邦政府によって平和的かつ公正に処理されます。そして、連邦政府によって直接募集・訓練された世界連邦警察軍が、世界の安全保障の責任を持ち、各国の軍備は大幅に縮小または全廃されます。

このように世界連邦が実現すると、国家間の戦争は不可能になり、不必要となるのです。また、地球環境の保護や貧困・飢餓の救済、人権問題の解決も、手間のかかる国家間の条約によってではなく、連邦政府の地球的視野での政策決定を通じて行われてゆくことになるので、人類が抱えている多くの問題の解決にも繋がります。

もちろん、現段階ではそのような世界連邦を望まない勢力（巨大な資本家グループや軍産複合体など）が存在するため、その実現は一朝一夕にはいかないかもしれません。

しかし、愛と調和に満ちた伊都能売《いづのめ》の魂を持つ人や龍神系の魂を持つ人が共に知恵と力を結集し、自分の身近なところからゆるやかなネットワークを築きながら社会に働きかけていくことで、幕末維新以上の社会的な共鳴現象が巻き起こり、水瓶座時代にふさわしい魂の変革が起きる――私はそう信じています。

そんな私の祈りも含めて、「感謝祈願詞《みやびのことば》」の原文とその大意、そしてとくに重要だと思われる箇所の要旨と注釈を掲載させていただきます。どうかみなさんも、言霊の持つ力を全身で感じながら、宇宙創造のエネルギーと繋がることを意識して読んでみてください。

感謝祈願詞（みやびのことば）

至大天球《たかあまはら》の司宰《つかさ》にましまして、一霊四魂《ひと》、八力《ふた》、三元《み》、世《よ》、出《いつ》、燃《むゆ》、地成《なな》、弥《や》、凝《ここの》、足《たり》、諸《もも》、血《ち》、夜出《よろづ》の大元霊《もとつみたま》大天主《すめ》太神《おほかみ》の大稜威《おほみいづ》をもつて、無限絶対無始無終《かきはにときは》に天地万有《よろづのもの》を創造《つくり》たまひ、神人《おほみたから》をして斯《か》かる至真至美至善之神国《うるはしきみくに》に安住《すま》はせたまはむがために、太陽太陰大地《ひつきくぬち》を造《つく》り、各自至粋至醇之魂力体《おのもおのもきよきみたま》を賦与《さづけ》たまひ、また八百万《やほよろづ》の天使《かみ》を生成《うみな》したまひて万物《すべて》を愛護《まもり》たまふ、その広大無辺大恩恵《ひろきあつきおほみめぐみ》を尊《たふと》み敬《ゐやま》ひ恐《かしこ》み恐《かしこ》みも白《まを》す。

天地初発之時《あめつちなりいでしとき》より、隠身《すみきり》たまひし大天主太神《もとつみおやすめおほかみ》の御前《みまへ》にまをさく。天《あめ》の下四方《したよも》の国に生出《なりい》でし青人草《あをひとぐさ》らの身魂《みたま》に天津神《あまつかみ》より授《さづ》けたまへる直霊魂《なほひのみたま》をして、ますます光華明彩至善至直伊都能売魂《ひかりうるはしきいづのめのみたま》と成《な》さしめたまへ。邂逅《わくらは》に過《あやまち》て枉津神《まがつかみ》のために汚《けが》し破《やぶ》らるることなく、四魂《たま》と五情《こころ》の全《まつた》き活動《はたらき》によりて、大御神《おほみかみ》の天業《みわざ》に仕《つか》へまつるべく、忍耐勉強《よくたへしのび》もつて尊《たふと》き品位《しな》を保ち、玉《たま》の緒《を》の生命長《いのちなが》く、家門高《いへかどたか》く富栄《とみさか》えて、美《うま》し天地《あめつち》の花となり光となり、大神《おほかみ》の御子《みこ》たる身《み》の本能《さが》を発《ひら》き揚《あげ》しめたまへ。仰《あふ》ぎ願《ねが》はくは大御神《おほみかみ》の大御心《おほみこころ》に叶《かな》ひまつりて、身《み》にも心《こころ》にも罪悪汚穢過失《つみけがれあやまち》あらしめず、天授之至霊《もとつみたま》を守《まも》らせたまへ。すべての事業《なりはひ》をなすにも、大御神《おほみかみ》の恩頼《みたまのふゆ》を幸《さき》はへたまひて、善事正行《よごとまさわざ》には荒魂《あらみたま》の勇《いさ》みを振起《ふりおこ》し、ますます向進発展完成《すすみひらきまつたき》の域《さかひ》に立到《たちいた》らしめたまへ。朝《あさ》な夕《ゆう》な神祇《かみたち》を敬《ゐまい》ひ、誠《まこと》の道《みち》に違《たが》ふことなく、天地《あめつち》の御魂《みたま》たる義理責任《つとめ》を完《まつと》うし、あまねく世《よ》の人《ひと》と親《した》しみ交《まじ》こり、人慾《わたくし》のために争《あらそ》ふことを恥《はじ》らひ、和魂《にぎみたま》の親《したし》みによりて人々《ひとびと》を悪《にく》まず、改言改過《あやまちをくい》、悪言暴語《ののしること》なく、善言美詞《みやび》の神嘉言《かむよごと》をもつて神人《かみがみ》を和《なご》め、天地《あめつち》に代《かは》るの勲功《いさをし》を堅磐《かきは》に常磐《ときは》に建《た》て、幸魂《さちみたま》の愛《めぐみ》深《ふか》く、天地《あめつち》の間《うち》に生《いき》とし生《い》ける万物《もの》を損《そこな》ひ破《やぶ》ることなく、生成化育《かむながら》の大道《おほみち》を畏《かしこ》み、奇魂《くしみたま》の智《ひかり》によりて、異端邪説《まがのをしへ》の真理《ことわり》に狂《くる》へることを覚悟《さと》るべく、直日《なほひ》の御霊《みたま》によりて正邪理非直曲《ことのよしあし》を省《かへり》み、もって真誠《まこと》の信仰《あななひ》を励《はげ》み、言霊《ことたま》の助《たすけ》によりて大神《おほかみ》の御心《みこころ》を直覚《さと》り、鎮魂帰神《みたましづめ》の神術《みわざ》によりて、村肝《むらきも》の心《こころ》を練《ね》り鍛《きた》へしめたまひて、身《み》に触《ふ》るる八十《やそ》の汚穢《けがれ》も、心《こころ》に思《おも》ふ千々《ちぢ》の迷《まよひ》も、祓《はら》ひに祓《はら》ひ退《やら》ひに退《やら》ひ、須弥仙《みせん》の神山《みやま》の静《しづ》けきがごとく、和知川《わちがは》の流の清きがごとく動《うご》くことなく変《かは》ることなく、息長《おきなが》く偉大《たくましく》あらしめたまひ、世《よ》の長人《ながひと》の遠人《とほひと》と健全《まめまめ》しく、親子《おやこ》、夫婦《めをと》、同胞《はらから》、朋友《ともがき》相睦《あひむつ》びつつ、天《あめ》の下公共《したおほやけ》のため、美《うる》はしき人の鏡として、太《いみ》じき功績《いさを》を顕《あらは》し、天地《すめかみ》の神子《みこ》と生れ出でたる本分《つとめ》を尽《つく》さしめたまへ。すべての感謝《ゐやひ》と祈願《いのり》は千座《ちくら》の置戸《おきど》を負ひて、玉垣《たまがき》の内津御国《うちつみくに》の秀津間《ほつま》の国の海中《わだなか》の沓嶋神嶋《おもとうらと》の無人島《しまじま》に神退《かむやら》ひに退はれ、天津罪《あまつつみ》、国津罪《くにつつみ》、ここたくの罪科《つみ》を祓ひたまひし、現世幽界《うつしよかくりよ》の守神《まもりがみ》なる、国の大御祖国常立大神《おほみおやくにとこたちのおほかみ》、豊雲野大神《とよくもぬのおほかみ》、また伊都《いづ》の御魂《みたま》、美都《みづ》の御魂《みたま》の御名《みな》に幸《さきは》へたまひて聞食《きこに》し、相《あひ》うづなひたまひ、夜の守り日の守りに守幸《まもりさき》はへたまへと。鹿児自物膝折伏《かごじものひざをりふ》せ宇自物頸根突抜《うじものうなねつきぬき》て、恐《かしこ》み恐《かしこ》みも祈願奉《こひのみまつ》らくと白《まを》す。

◎大意

大宇宙を主宰したもう主の大神は、そのお力によって宇宙いっさいを創造《おつくり》になり、神のみ子たる人類を、うるわしい神のみ国に安住させられるために天地を造られ、天使《かみがみ》を生み成し、すべてのものをお守り下さっているその大恩恵を心より感謝申し上げます。

大宇宙のはじめのときより住み（澄み）きりたもう主の大神さまに申し上げます。天の神にます主の大神から人類にさずけられた直霊魂《なおひのみたま》をますます向上させて、光うるわしい伊都能売《いづのめ》の魂とならして下さい。

直霊魂の活用《はたらき》である勇（荒魂《あらみたま》）、親（和魂《にぎみたま》）、愛（幸魂《さちみたま》）、智（奇魂《くしみたま》）の四魂と五情（省みる、恥じる、悔いる、畏る、覚る）の完全なはたらきによって、主の大神の地上天国樹立の天業《みわざ》に奉仕させていただきますように、人格をたかめ、長寿を保ち、家門を繁栄させ天地の花となり光となって、神の子としての本質を発揚し神慮にかなって、身にも心にも罪けがれ、あやまちのなきよう、天授の直霊魂をお守り下さい。

すべての事業《なりわい》をいたすにも、主の大神のご神徳をいただき、善事正行《よごとまさわざ》には荒魂の勇みによって向上発展し、完成の域に進ませていただきますよう、そして神を敬い、誠の道をふみ、人としての義理責任《つとめ》をはたし、あまねく世の人と親しく交わり、争いを恥じ、和魂の親しみによって人を悪《にく》まず、過ちを悔いあらため、悪言暴語することなく、神恩感謝に善言美詞によって、神さまや人の心をやわらげ、天地にかわる大功《いさお》を永遠無窮にたて、幸魂の愛《めぐみ》深く、天地の間に生きている万物《もの》をまもり、生成化育の大道をつつしんでおこない、奇魂の智によって真理をさとり、直霊によって、ものごとのよしあしを省み、まことの信仰をはげみ、主の大神のみ教（言霊）によって心を直覚《さと》り、鎮魂帰神によって、主の大神さまの霊光《みひかり》をいただき、心を鍛錬《たんれん》して身のけがれと心の迷いを徹底的にはらいのけ、みせん山の静けさや和知川の流れの清らかさのように、寿命長くありますように、世の長人世の遠人とたたえられるように健全で、親子、夫婦、同胞《きょうだい》、朋友《ともだち》が互いに親しみ助けあいながら、天下公共のために、美しい人の鏡として大きないさおをあらわし、天地の神子《みこ》と生まれたその本分を尽くさせたまい、すべての感謝と祈願を、この世はもとより、神霊の世界の守り神であらせられる国祖《こくそ》国《くに》常立大神《とこたちのおおかみ》さま、豊雲野大神《とよくもぬのおおかみ》さまはじめ、厳霊、瑞霊のみ名を通じてお祈り申し上げますことを、お聞きいれいただきまして、夜も日《ひる》も守り幸わって下さいますよう、膝折り伏せ、つつしんでお願い申し上げます。

◎とくに重要だと思われる箇所（「天地初発之時《あめつちなりいでしとき》より～天授之至霊《もとつみたま》を守《まも》らせたまへ」〈注・太字部分〉）**の要旨**

宇宙創造の初めから、無限絶対無始無終であられる大天主太神《もとつみおやすめおほかみ》に申し上げます。世界の人民に、主神からさずけられている直霊魂《なおひのみたま》（一霊四魂）を、ますます立派な伊都能売魂《いづのめのみたま》として下さい。あやまって、直霊魂を柱津神《まがつかみ》（悪霊邪神）のために、汚し破られることなく、四魂五情《しこんごじょう》の完全なはたらきによって、主神の目的である地上天国

の建設というご神業《しんぎょう》（ご活動）にお仕えさせていただけるように、忍耐勉励し、とうとい直霊魂《なおひのみたま》の品位をたもち、寿命ながく、家門は繁栄し、世界のうるわしき花とたたえられ、また光と仰がれ、大神のみ子としての身魂の慣性（本質）を発揚させて下さい。

お願いいたしたいことは、主神のみ心にかなって、身にも心（霊魂）にも罪やけがれや過失のないように、大神から授かった直霊魂をお守り下さい。

…………………………………………………………………………

◎注釈

〝直霊魂〟というのは一霊四魂《いちれいしこん》のことであり、人間はみな、この一霊四魂を備えているが、これは主神（大元霊）の本霊である一霊四魂から分け与えられた分霊《わけみたま》である。

一霊四魂の一霊は、これを直霊《ちょくれい》（なおひのみたまともいう）といい、主神の直霊を神《かむ》直日《なおひ》ととなえ、人間に与えられている直霊を大直日《おおなおひ》といって、その名称を区別してある。また四魂とは、荒魂《あらみたま》、和魂《にぎみたま》、幸魂《さちみたま》、奇魂《くしみたま》を総称したものである。

四魂は直霊に統べられ、四魂が完全に活用されたとき、これを、祝詞《のりと》で示されているように〝伊都能売魂《いづのめのみたま》〟というのである。四魂のはたらきを、世間一般では心、または精神と称しており、祝詞には、それを〝四魂五情《たまとこころ》〟とも示されてある。

（『祝詞の解説』）

一霊四魂

直霊

荒魂　**和魂**　**幸魂**　**奇魂**

五情

省（かえりみる）

恥（はじる）　**悔（くゆる）**　**畏（おそる）**　**覚（さとる）**

この五情が機能し、一霊四魂がバランスよく活用されるとき「伊都能売の魂」となる。

以上をよくお読みいただければおわかりのように、私たちは誰もが「創造神」と呼ばれる宇宙創造のエネルギー、普遍的な生命から分化したかけがえのない存在、分霊、神の子なのです。

その大元の源を白い光だとしたら、現象界では分光して7つの色が生まれるように、一人ひとりが白色から分かれた7色の光の粒子であり、各々異なる波長（周波数）を持っているものの、その本質は一つであり、光そのもの。

その光、すなわち、内なる神性（霊性）を目覚めさせるということは、肉体を持ったままで分離のない宇宙創造の次元と繋がることを意味します。

私はその中心をセンター・オブ・ユニバース（ＣＯＵ）と呼んでいます。

このＣＯＵに繋がることができれば、奇跡はもはや奇跡ではなくなります。

宇宙創造のエネルギーは確実にあなたの中に内在していて、あなたが自らの手でその扉を開けるのを待っています。

聖なる祈り、そして王仁三郎聖師の言う四魂五情の発現によって、一人ひとりが自分自身の内なる扉を開き、真《まこと》の神（ＣＯＵ）と繋がることを願ってやみません。

そしてＣＯＵと繋がることができたなら、ぜひ自らが持つ三種の神器を活用してみてください。

神道でいう三種の神器、「鏡」「勾玉《まがたま》」「剣《つるぎ》」は私たちの中にも存在しています。

「勾玉」は自分の魂を形状化したもの。それを映し出すものが「鏡」。そして、自分の魂が曇っていたならば、それを調整するために活用するのが「剣」です。

この剣の意味がなかなか難しく感じられるかもしれませんが、王仁三郎聖師が「コエ

（声）は『心の柄』」（『玉鏡』「声」）だと言っていることからも、おそらくこれは「言霊」のことだろうと思います。

私たち一人ひとりがCOUと繋がり、自らの内側にある「黄金鏡」に内なる神を映し出すとき、結集した言霊のエネルギーによって奇跡が起こり、その先に「みろくの世」が開かれていくことでしょう。

そのためにも、私たち一人ひとりの魂が宇宙創造神の分魂であり、伊都能売《いづのめ》の魂であることをどうか忘れないでください。ほかの誰でもない、魂の岩戸開きをした私たちによって「みろくの世」は築かれていくのですから。

補筆　「一厘の仕組み」の発動

最後に、昨年（2012年）末に起こった出来事――「富士と鳴門の仕組み」の完成――について述べてみたいと思います。

第3章でお伝えした私の身体に起こった型示《かたしめ》しは、このご神業へと続くものでした。この仕組みが完成したことで、龍体に住む私たち日本人は、ますます宇宙創造のエネルギーを受けやすくなっている状態です。ご参考までに収録いたします。

ついに完成した「富士と鳴門の仕組み」

伊都能売《いづのめ》の魂が三次元世界にもたらされた2012年、私は生態系の型示しともいうべき病（前立腺がんのような症状）に罹患しました。その時は、ただただ病になった自分をゆるし、治すために真心をもって祈り、宇宙創造神（COU）と繋がりながら回復に向けて一生懸命、養生していました。

今思えばこの経験のおかげで、私は名付け親である出口王仁三郎《でぐちおにさぶろう》聖師から、「トドメ」

の神事を行うお役目を与えられていたのだということに、改めて気づくことができました。

前章でも少しお伝えしましたが、王仁三郎聖師が書かれた『伊都能売神諭《いづのめしんゆ》』（大正7年12月22日付）には、こう示されています。

「世界の九分九厘が近寄りて来たぞよ。一厘の仕組で三千世界を立直すのは、綾部の大本より外に無いぞよ。今この仕組が日本の人民に判りたら、三千年の神界の仕組が成就致さんから、今の今までは誠の元の一厘のところは申さんから、疑う人民は未だ未だあるぞよ。

富士と鳴門の昔からの経綸《しぐみ》が判りて来たら、世界は激しくなりて、外国がさっぱり帰順致して日本へと末代従うようになるぞよ。東京の経綸はミノヲワリ、尾張の経綸は世の終わり、伊勢は丹波に丹波は神都《みやこ》、ミヤコの経綸は万古末代続くぞよ」

元大本信者だった岡本天明氏に降りた『日月神示』にも「終わりの仕組みはミノオワリ」という記述があります。普通に解釈すれば、〝美濃・尾張〟という場所と関係している。

しかし、これに〝身の終わり〟という字を当てはめれば、肉体（物質）主体の三次元的世界の終わりという意味にもなります。

王仁三郎聖師から「喜美夫《きみお》」をいう名をいただいてから、私になぜこの名前がつけられたのか、大本裏神業に携わった方たちの足跡を徹底的にたどり、「たばね神業」を行ってきたことは拙著でお伝えした通りです。

そしてついに「富士と鳴門の仕組み」が完成したことで、すべては私がこの世に生を受けたときから運命づけられていたことだ、と納得するに至りました。

このご神事こそ王仁三郎聖師が生前、口にしていた「一厘の仕組み」（火水の仕組み）だったのだと思います。それほど今回のお役目は重要、かつ大切なご神事でした。

淡路神業とは？

王仁三郎聖師が北伊勢神業から、最終段階のご神業として掘らせた井戸が淡路島のとある場所にあったことは、私の著書『出口王仁三郎の遺言』で示した通りです。

ここで少し、淡路神業についておさらいしておきましょう。

淡路における裏神業で、王仁三郎聖師が最も重要視していたことは、「真正ユダヤ人と日本人が自らの本来の使命に目覚め、宗教という枠を超えてお互いに手を結ぶことによって、みろくの世を築いていく」ということでした。

聖師いわく、ユダヤ人は霊的にもともと富士高天原の住人だった神人で、神命奉仕のために各地に広がり、その末裔がイスラエルの民（セム族）となって、再び日本の地に戻ってきたとのこと。

それを証明するためには、これまで封印されてきた裏の日本史を表に出す必要がありました（詳しくは『出口王仁三郎の遺言』110〜116ページを参照ください）。

王仁三郎聖師は、大本の部外者である白山義高氏にわざわざ「元井戸」を掘らせ、古代ユダヤの遺跡の発掘、およびその公表を命じました。それはアクエリアス（水瓶座）の時代を意識した王仁三郎聖師が用意していた「型示し」だったのです。

この型示しは21世紀の世になり、いよいよ実を結び始めた、と私は考えています。

元井戸は、霊的なエネルギーの穴です。

そこは、アクエリアスの時代が到来する際のエネルギーライン上にあります。それを知っていた王仁三郎聖師は、私が生まれる以前からこの東経135度線上に照準を合わせていたのでしょう。

読者の中には「東経135度線上」と聞いて、千賀一生氏の『ガイアの法則』(徳間書店刊)を思い出された方がいらっしゃるかもしれませんが、その本では新しい時代は明石の線上、東経135・0度ラインから始まることが予言されています。

要するに、全宇宙の主神、つまりスの神と水瓶座の水のエネルギーを元井戸に注ぎ込み、そこから生まれる調和・愛善のエネルギーを7つの海へと波及させることが、王仁三郎聖師が渇望していたことだったのです。

日本は霊的なエネルギーの龍体であります。龍は水を操りますから、水瓶座の時代には龍神系が活躍するのは当然のことなのです。水瓶座の時代になり、その水の性質によって世界中のあちらこちらで水害・大雪・大洪水などが起こっています。こういった自然現象こそ、まさに水の洗礼・浄化なのです。

私を「喜美夫」と命名した2カ月後の昭和22年12月に、王仁三郎聖師が言われた最後の言葉が記録に残っています。前出の白山氏が聖師の病床に「元井戸の今後の指示」を承りに行ったとき、聖師から「もう元井戸は完成した。来年からはお前たちに元井戸の指示を出せなくなるだろう」と言われたそうです。それを最後に、昭和23年1月19日、出口王仁三郎聖師は昇天されました。

この言葉を聞いた白山氏は前途がわからず、途方に暮れたのでしょう。その後、自ら命を絶たれました。

それからは、元井戸と桃の宮を浪上千代鶴さんと彼女の妹さんと二人でお守りされていましたが、火事のために二人とも亡くなり、その焼け跡の中から今回の主役となるダビデ紋のご神体石が、淡路島にお住まいの魚谷佳代さんによって発見され、受け継がれることとなりました。佳代さんは、淡路島の霊山にこの7つのダビデ紋のご神体石をお祀りされていました。

魚谷佳代さんによって発見され受け継がれていた、ダビデ紋のご神体石。全部で7つあるこのご神体石が「富士と鳴門の仕組み」の主役。

2012年の春頃から、「世直し会」の長谷川増夫氏と私、そして魚谷佳代さんで淡路神業について心を通わせ、話が深くできるようなりました。

ダビデ紋のご神体石をお守りされていた佳代さんは、マヤ暦の終わりにこのご神体石をどうにか地球のために役立てたいと考えておられ、相談を受けました。

私も2012年前半は、ユダヤの直系と日本人が結合することによって「みろくの世」が開かれるために、その型としてそれぞれの龍のエネルギーを協調させていたことから、マヤ暦の終わりにどうしても「ユダヤと日本の霊的融合」が必要だと思っていたのです。

すると、特殊な霊的能力をお持ちの長谷川氏が、この7つのご神体石を龍体である日本列島の7カ所に配置することを提言されました。

そうしてここに、日本列島を輝かせるためのご神業が行われることとなったのです。

日本列島を輝かせるために

マヤ暦の終焉にあたって私たちが慌ただしくご神事に突き動かされたのは、まさしく王仁三郎聖師に仕組まれた大切な使命だったからでしょう。

魚谷佳代さんの想い、長谷川増夫氏の提言を受け、動き出すことになった7つのご神体石。これらを動かすにあたり、まずは中心軸を決めなければなりません。どこにするか——それは言うまでもなく、自凝島《おのころじま》とも、国生みの島とも呼ばれている「淡路島」です。この島はやはり日本の雛型。それだけでなく、王仁三郎聖師がもっともこだわった井戸のある場所だったということも大きな要因のひとつです。

ここにダビデ紋のご神体石をひとつ奉納した後、残る6つをどこへ動かすのか。もちろん、日本列島の6カ所に移したのですが、皆さんは、いったいどこに動かしたと思われますか？

淡路島で受け取った古代イスラエルのダビデ紋の石を持って、次に私が向かった先は、日本列島の最南端にある「沖縄」でした。

前作でもお伝えしましたが、日本という国が輝くためにも、まずは沖縄が輝かなければなりません。沖縄とは琉球王国で、琉球とは龍の珠なわけです。この珠が光り輝くことは、

沖縄で奉納されたダビデ紋のご神体石（撮影・アウエハント静子さん）。

日本が光り輝く引き金となるのです。

沖縄での奉納場所は、ダビデ紋の上下の三角形が融合してできた六角形から、一直線上に首里城が見えます。そこからのエネルギーが月の光と融合して入ってくると、ダビデ紋のご神体石が置かれた場所は、瞬く間に神聖なエネルギーで溢れ返ります。

このエネルギーを龍の球いっぱいに注ぐべく、私は持てる力を振り絞って沖縄でのご神事を行いました。

沖縄でのご神事を終えるとすぐに、また飛行機に飛び乗りました。次の行き先は、日本列島の最北端「北海道」です。

北海道に到着した日は、12月17日。まさにマヤ暦が終わる12月21日まで、あと4日。私は北海道在住の神業者と合流し、雪深いある場所でご神事に集中しました。

それと前後して、長谷川氏と佳代さんと手分けしてその他の神業者にもご協力いただき、ひとつは「九州」、ひとつは「四国」、そしてもうひとつは「琵琶湖」へと奉納することになりました。

なぜ琵琶湖？　と思われる方がいらっしゃるかもしれませんが、琵琶湖の形を見ていただければ、一目瞭然です。そこは淡路島とほぼ同じ形になっています。古くから琵琶湖は淡路島と陰陽の関係であると言われていたからです。

これで皆さん、おわかりいただけましたでしょうか？

日本列島の7つの地とは、北は北海道から南は沖縄までを龍体として捉えることで初めて見えてきます。それがわからなければ、ダビデ紋のご神体石は役割をなさず、一厘の仕組みとして発動することもできません。

私は長谷川氏の提言を受け、導かれるようにしてこのご神事に関わっていくなかで、その意味がようやく理解できたのです。これは想像を絶する壮大なお役目でした。しか

北海道に在住の神業者の方と著者（櫻井）。

北海道でのご神体石の奉納を共に行った神業者の皆さん。

し、逆に言えば私たちにしかできないお役目だったのだろうと思います。

ここまでダビデ紋は日本全国6カ所に祀られました。残すところはあと1カ所――。そうです。「富士と鳴門の仕組み」を完成させるためには、最重要地である富士山に祀らなければなりません。

この時すでに、私たちに残された時間はわずかしかありませんでした。

仕組まれた最高のシナリオ

実は、アセンションは2012年12月12日の午後12時12分に始まったとされていて、この時間に合わせて仮の奉納がすでに富士山で行われていましたが、私はどうしても時間が取れなかったので、別のご神事メンバーにお願いして、仮奉納をしてもらいました。

その場所は一口に富士山と言っても、静岡側の「表富士山」で、そこで仮奉納をするには理由がありました。どうしても「表から入って裏へ移す」必要があったのです。

ダビデ紋の石を裏へ移すご神事を北海道から帰って間髪入れず行おうと思っていたのですが、このご神事の鍵を握る神業者が、所用で海外へ出かけていたため、すぐに移すことができませんでした。

ところが偶然にも、キーマンである彼の帰国日が12月22日だと知らされ、私はワクワクしてしまいました。先ほどもお伝えしましたが、12月22日はマヤ暦が終ってアセンションが起こるとされている日だったのです。

こんな素晴らしいタイミングがあるのでしょうか？　まさに王仁三郎聖師が仕組んだ最高のシナリオに思えてなりませんでした。

私は奉納の前日、高鳴る胸を抑えながら静岡入りしたのです。

富士山に奉納されることになったダビデ紋のご神体石。

「鳴門から始まり、富士で終わる……」

これは生前、王仁三郎聖師がずっと言い続け、こだわり続け、そして裏神業として指示していた大仕掛けでした。私はやはり名付け親である王仁三郎聖師に、生まれたときから宿命としてこのご神事を完成させるお役目を与えられていたのでしょう。

王仁三郎聖師がかつて言われていた「宿命とは、人間各自が先天的にもって生まれた境遇であって、後天的にどうする事も出来ない境涯をいうのである」（『神の国』「宿命と運命」）というその真意を改めて思い知らされ、だからこそ無我夢中で、何が何でもこのお役目を無事に完成させることだけに、神業者の方々と手分けして全力を注いだのです。

マヤ暦が終焉を迎える２０１２年12月21日に静岡入りした私は、さっそく仮奉納している場所からダビデ紋のご神体石を取り出し、翌日に帰国してくる神業者を待ちました。

そして待望の22日。新たな時代への幕開けとなるこの記念すべき日に、私は神業者と合流し、富士山の表である静岡から、裏である山梨へとご神体石を移しました。

こうしてようやく無事にダビデ紋のご神体石を富士山に祀ることができたのです。

龍脈を開く

神仕組みのように見事、２０１２年12月22日という大切な日にすべてのご神事を終え、日本列島という龍体の頭から尾まで７カ所すべてに王仁三郎聖師が残したご神体石を奉納するお役目が完了しました。

これでようやく日本列島（龍体）が輝くときがやってきたのです。

このエネルギーを私たちが受け取ることによって、より宇宙の根源（ＣＯＵ＝センター・オブ・ユニバース）と共鳴しやすくなり、一人ひとりが伊都能売《いづのめ》の身魂として活動すること

富士山でのご神業を共に行った神業者の皆さん。

ができるようになります。

王仁三郎聖師は言いました。「宇宙の本源は活動力にして、すなわち神なり。万物は活動力の発現にして、すなわち神の断片なり」と。

そのためにも龍体の7つのチャクラが光り輝かなければなりません。それが聖師の残した「一厘の仕組み」であり、ご神体石が淡路島（鳴門）から最終目的地の富士山へ移ることこそ、富士と鳴門の仕組みの真髄だったのだろうと思います。

それだけではなく、「ダビデ紋の石」という古代イスラエル人の残した物が、日本の重要な各スポットにおさまることは、まさしく日本とユダヤの融合でもあり、陰陽統合――カゴメ歌にあるように「鶴と亀がすべった（丹頂鶴は日の丸を連想。亀は甲羅が六角形で国旗にも連想される。日本は赤丸に対し、ユダヤは青の六芒星。それが統った、つまり統一された）」ということなのです。

また、最後の奉納場所となった富士山でのご神事で、私が「表から入って裏へ移す」ということにこだわった理由は、エネルギーの流れと関連しています。それは、地球の鼻づまりの解消です。

表富士山から裏富士山に移動させたことで、富士山に溜まっていたエネルギーが、王仁三郎聖師が「地球の鼻」と呼ぶ中国クンルン山脈へと流れていったと思います。

さらに、私が以前にシリウス意識とチャネリングをしたときに、二重のカゴメ紋のインスピレーションを受けたことがありました。二重のカゴメ紋とは、カゴメ紋の中にカゴメ紋がある形です。

改めて考えると、富士が正三角形で、鳴門が逆三角形。つまりこれでダビデ紋なのですが、その中に今回私が奉納したダビデ紋のご神体石を入れた形が、「二重のカゴメ紋」だったのでしょう。

日本列島上に「二重のカゴメ紋」が完成したことで、龍体の7つのチャクラと龍脈（龍体の経路）が同時に光り輝くことが現実に今、起こっています。

まるで仕組まれていたかのように、この龍脈を開く必要性があることを私は事前に身をもって体験させられていました。自らの身体にあるチャクラと経絡を開き、COUと繋がって病を克服したからこそ、龍体である日本の7つのチャクラと龍脈を開くというたいへん大きなご神事が完成できたのではないかと思うのです。

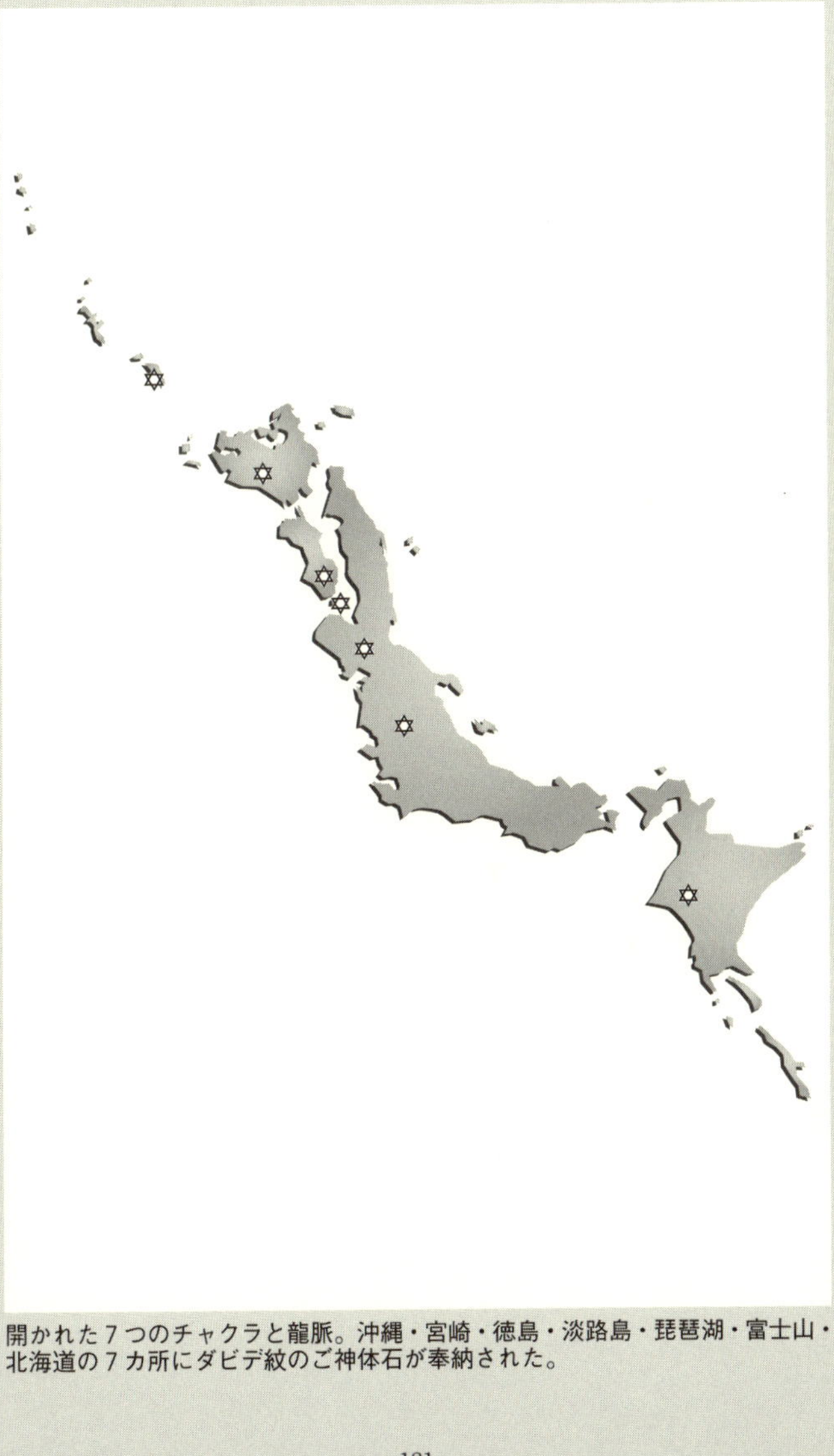

開かれた7つのチャクラと龍脈。沖縄・宮崎・徳島・淡路島・琵琶湖・富士山・北海道の7カ所にダビデ紋のご神体石が奉納された。

「みろくの世」を築く龍神系と伊都能売《いづのめ》の身魂たち

3・11の東日本大震災から、日本は少しずつ変わり始めています。それは何の因果か、あの大きな地震の揺れによって、日本人の中で龍の記憶を持った人たち（龍神系）が「みろくの世」の建設に向かい、どんどん目覚め出していることからも明白です。

彼らこそ、地球創世に携わった者たちであり、その記憶は脳内にしっかりと刻み込まれています。だからこそ、彼らの覚醒なしにはこれからの地球再生はありえないのです。

また、龍の記憶を持った人間は、世界各国に散らばっています。ネイティブアメリカンしかり、オーストラリアの原住民しかり……。その世界中に散らばった龍の記憶を持つ人たちが水瓶座の時代に結束する必要があるのです。

龍同士は独特のバイブレーションにより、お互いを理解し合えるので、記憶を取り戻した人たち同士が自然と結束していくのです。

なかには、悪の御用としての龍も存在します。それは「お金」という手段を使って、世の中を思いのままに動かそうとするものたちです。一見すると同じ龍のように見えて仲間のような気がします。しかし、六感で感じてみてください。波動がまったく異なるのです。そんな悪龍に飲み込まれないよう、十分に気をつけましょう。

今回の富士と鳴門の仕組みが完成したことで、これからますます龍の記憶を持つ人たちが目覚め出してくると思います。そして、7つの海を浄化するために、やがて世界の聖地となる淡路の元井戸から流れ出した霊的エネルギーが、世界各国の龍の記憶を持つ人びとを世界の雛型であるこの日本に集結させてくれることでしょう。

そのためにも日本列島は龍脈を開き、輝かねばならなかったのです。「みろくの世」とはまさしく、日本列島が光り輝く金龍になることなのではないでしょうか？

さらに加えて、日本列島の7つのチャクラが開いたことで、伊都能売《いづのめ》の身魂を持つ人たちもこれから一層、覚醒していくことでしょう。

今、日本は第二次世界大戦へと突入した時のように、尖閣諸島などの領土問題やＴＰＰ問題など、暗雲が立ちこみ始めています。しかし、日本とユダヤの融合がなされた今こそ、ここ日本から世界に向けて平和であることの意味を問いかける必要があるのではないか、と思うのです。時代はもうピラミッド型の強いもの勝ちの構造ではなく、円型の手と手を取り合った共有時代に突入しているのですから。

地球上でどんな問題が起ころうとも、これだけは忘れないでください。龍神系と伊都《いづ》売能《のめ》の身魂がもたらされた今、私たちの地球が死ぬことは決してない、ということを。

自然災害が起こってしまった原因は、私たち人間の心と行いにあります。「みろくの世」の建設に向けて光り輝く身魂となれるよう、エネルギーの溢れ出したこの日本列島に住む私たち一人ひとりがCOUと共鳴し、大難を無難に変えていけたなら、これに勝るほどの喜びはありません。

参考文献

『霊界物語』出口王仁三郎　八幡書店、愛善世界社
『愛善健康法』出口王仁三郎　天声社
『霊の礎』出口王仁三郎　天声社
『大本の道』出口王仁三郎　天声社
『玉鏡』出口王仁三郎　天声社
『月鏡』出口王仁三郎　みいづ舎
『水鏡』出口王仁三郎　みいづ舎
『愛善の道』出口王仁三郎　みいづ舎
『道の栞』出口王仁三郎　天声社
『出口王仁三郎全集２』出口王仁三郎　あいぜん出版
『出口王仁三郎全集３』出口王仁三郎　あいぜん出版
『出口王仁三郎著作集第１巻』出口王仁三郎　読売新聞社
『伊都能売神諭』出口王仁三郎　八幡書店
『祝詞の解説』大本教学研鑽所編　天声社

『王仁三郎の霊界物語は科学でこう解ける』須藤アキオ　徳間書店
『淡路島国生みの秘儀――地上天国建設論』奥所一男　聖シャンバラの会
『出口王仁三郎 三千世界大改造の真相』中矢伸一　ベストセラーズ
『第三次大本事件の真相』十和田龍　自由国民社
『天門の鍵』川島善市　文芸社
『「学び」を「お金」に変える技術』井上裕之　かんき出版
『長生きしたけりゃ肉は食べるな』若杉友子　幻冬舎
『脳はバカ、腸はかしこい』藤田紘一郎　三五館
『「体を温める」とすべての痛みが消える』坂井学　マキノ出版
『祈る心　治る心』ラリー・ドッシー　日本教文社
『放射線医が語る被ばくと発がんの真実』中川恵一　ベストセラーズ
『医師がすすめるラドン温湿浴』一般社団法人ホルミシス臨床研究会編　徳間書店

あとがき

この本を書いている最中にも、世界にはいろいろな出来事が起こりました。

とくに2013年2月15日にロシアのチャリビンスク州に隕石が落下した事件は、記憶に新しく、大規模な人的被害をもたらす結果となってしまいました。

やはりこれには宇宙的メッセージが込められていたと思います。

そしてこの本が出る頃には、アベノミクス（現・安倍首相が掲げる経済政策）によってもたらされた好景気が花を咲かせていることでしょう。

この現象は、ユダヤ姫が日本に入り、彼女の遣いである龍が再び日本に戻ってきたことを意味しています。これでいよいよ日本が動き出します。

皆さんもぜひ、この時期にたくさんの財を受け取ってください。

「財」と言っても三次元的なものだけではなく、その「エネルギー」を十分に受け取っていただきたいのです。なぜなら、これも内なる神に目覚めるために必要なエネルギーのひとつですから。

一方で、景気の回復に乗じて、暗黒の龍も同時に集まってきます。この好景気のあとをどうするか。くれぐれも油断は禁物です。

不思議なもので、どういうわけか「良い時代」というものは長くは続きません。だからといって、悪い時代が長いのかといえば、そうでもありません。良い時代と悪い時代を繰り返しながら、歴史は刻まれています。

これは戦争と平和についても言えます。戦いは本来、不要なものですが一向になくなりません。なぜなのか。簡単に言ってしまえば、それを必要とする人がいるからでしょう。たしかに、争いがあるからこそ平和について真剣に考えるのかもしれません。

逆説的ですが、「平和が必要だ!」と唱える人にとって、戦争こそ必要なものになってしまうという事実がそこにはあります。ここに現界の難しさが潜んでいるのです。

陰があって陽がある、女があって男がある、光があって影があるように、ひとつの物事は常に対極に位置する2つの価値を持って存在しています。ですから、この世には絶対的な価値観など存在しないのです。

そのことが「腑」に落ちている、つまり何の判断もなしに、あるがままに現象を現象として ただ受け入れることができるのが、伊都能売《いづのめ》の魂だと思います。

これから近い将来、私たちは「大峠」を迎えることになるでしょう。しかし、そのぶつかった壁の奥には、すべてが白色に包まれた「無」の世界が広がっています。いわゆる「みろくの世」です。

そしてその「無」が何たることかを知っているのは、伊都能売の魂——どちらにも傾かない、いわゆる「ゼロ磁場（球状）思考」を持った人です。

このゼロ磁場思考を自分の中で習慣化すると、物事がうまくいくようになり、奇跡に遭遇する機会も増えます。実際に私はその奇跡をいろんな形で体験しています。ですから、多くの方に「伊都能売の魂」を持つ人になっていただきたいのです。

一人ひとりは非力ですが、伊都能売の魂を持つ人がたくさん集まることにより、無意識のネットワークができます。そうすることで、大難を中難に、中難を無難に変えられるような大きな奇跡が起こせると私は信じています。

最後になりましたが、出口王仁三郎《でぐちおにさぶろう》聖師が「神の国」について発言している言葉を紹介して、締めくくりたいと思います。

神の御国は罪もなく、
けがれもなく、
病もなく、
苦しみもなし。
なんじらいかにして、
この神の御国にいたらんとするや（『道の栞』）

平成25年4月吉日

櫻井　喜美夫

出口王仁三郎の黄金鏡
—魂の岩戸を開く7つの鍵—

著者略歴
櫻井喜美夫（さくらい・きみお）

発明光房代表。霊能師・シリウスチャネラー・発明家。
1947年愛知県生まれ。出口王仁三郎聖師の霊統を引き継いだ霊能師として、全国各地において成仏や場を清める儀式を始めるとともに、30代からは大本裏神業の追体験を始め、現在もそれらをたばねる神業を続けている。同時に、電磁波や不成仏霊など人体にさまざまな影響を及ぼす波動から身を守り、本来の正常な波動に整えるための製品の開発に力を入れる。30年以上鉱物の研究に携わってきた経験と知見に基づいて、特殊セラミックスを使用したオリジナルのエネルギーグッズを開発。なかでも最も強力なテラヘルツ波を発するテラヘルツ波動鉱石キミオライトは、各方面から熱い注目をあびている。著書に『出口王仁三郎の遺言』『出口王仁三郎の大復活』（いずれも太陽出版）がある。

2013年5月6日　第1刷

［著者］
櫻井喜美夫

［発行者］
籠宮良治

［発行所］
太陽出版

東京都文京区本郷4-1-14　〒113-0033
TEL 03（3814）0471 FAX 03（3814）2366
http://www.taiyoshuppan.net/
E-mail info@taiyoshuppan.net

イラスト＝中島直美
装幀＝森脇智世
［印刷］壮光舎印刷［製本］井上製本
ISBN978-4-88469-773-0

太陽出版刊行物紹介

出口王仁三郎の大復活
～コスモドラゴン降臨～

日月神示《ひつきしんじ》の時代から伊都能売《いづのめ》の時代へ!!

2011年12月10日の皆既月食とともに、宇宙の根源から1体の龍が降臨してきた。出口王仁三郎聖師と出口すみから玉川龍神と大本八大龍王を祀ることを託された家に生まれた著者が見た、その龍の正体とは？

櫻井喜美夫=著

四六判／224頁／定価1,680円
（本体1,600円+税5%）

出口王仁三郎の遺言
～あなたが開く「みろくの世」～

東日本大震災は「大峠」の前兆か?!

東日本大震災は、大本、『日月神示』の予言にある「大峠」の前兆なのか？　それとも……!?　王仁三郎が最晩年、最後の名づけ親となった著者が、知られざる“王仁三郎の遺言”と、来るべき「みろくの世」の真実を明かす!!

櫻井喜美夫=著

四六判／288頁／定価1,785円
（本体1,700円+税5%）